# 将军县的脱贫攻坚

安徽金寨干部学院
中共金寨县委党史和地方志研究室　编著

国家行政学院出版社
NATIONAL ACADEMY OF GOVERNANCE PRESS
·北京·

**图书在版编目（CIP）数据**

将军县的脱贫攻坚/安徽金寨干部学院，中共金寨县委党史和地方志研究室编著. —北京：国家行政学院出版社，2022. 4（2022. 11 重印）
ISBN 978-7-5150-2669-5

Ⅰ. ①将…　Ⅱ. ①安…　②中…　Ⅲ. ①扶贫—金寨县—文体
Ⅳ. ①F127. 544-53

中国版本图书馆 CIP 数据核字(2022)第 051342 号

| | |
|---|---|
| **书　　名** | 将军县的脱贫攻坚<br>JIANGJUNXIAN DE TUOPIN GONGJIAN |
| **作　　者** | 安徽金寨干部学院　中共金寨县委党史和地方志研究室　编著 |
| **责任编辑** | 陆　夏 |
| **出版发行** | 国家行政学院出版社<br>（北京市海淀区长春桥路 6 号，100089） |
| **综 合 办** | (010)68928903 |
| **发 行 部** | (010)68928866 |
| **经　　销** | 新华书店 |
| **印　　刷** | 北京九州迅驰传媒文化有限公司 |
| **版　　次** | 2022 年 4 月北京第 1 版 |
| **印　　次** | 2022 年 11 月北京第 2 次印刷 |
| **开　　本** | 170 毫米×240 毫米　1/16 |
| **印　　张** | 12 |
| **字　　数** | 228 千字 |
| **定　　价** | 50. 00 元 |

本书如有印装问题，可联系调换，联系电话：(010)68929022

## 本书编写委员会（按姓氏笔画排序）

**主　任**　胡遵远

**副主任**　马贤钧　胡本昌

**成　员**　王亚丽　任少松　李　燕　李泽波

# 前　言

2021年2月25日，在全国脱贫攻坚总结表彰大会上，习近平总书记庄严宣告："经过全党全国各族人民共同努力，在迎来中国共产党成立一百周年的重要时刻，我国脱贫攻坚战取得了全面胜利，现行标准下9899万农村贫困人口全部脱贫，832个贫困县全部摘帽，12.8万个贫困村全部出列，区域性整体贫困得到解决，完成了消除绝对贫困的艰巨任务，创造了又一个彪炳史册的人间奇迹!"

贫困是人类社会的顽疾。反贫困始终是古今中外治国安邦的一件大事。一部中国史，是一部中华民族同贫困作斗争的历史。从屈原"长太息以掩涕兮，哀民生之多艰"的感慨，到杜甫"安得广厦千万间，大庇天下寒士俱欢颜"的憧憬，再到孙中山"家给人足，四海之内无一夫不获其所"的夙愿，都反映了中华民族对摆脱贫困、丰衣足食的深深渴望。

中国共产党从成立之日起，就始终坚持把为中国人民谋幸福、为中华民族谋复兴作为初心使命，团结和带领中国人民为创造美好生活进行了长期艰苦的奋斗。特别是党的十八大以来，党中央提出了精准扶贫理念，创新了扶贫工作机制。2015年，中央召开扶贫开发工作会议，提出了实现脱贫攻坚目标的总体要求，施行扶持对象、项目安排、资金使用、措施到户、因村派人、脱贫成效"六个精准"，施行发展生产、易地搬迁、生态补偿、发展教育、社会保障兜底"五个一批"，发出了打赢脱贫攻坚战的总攻令。2017年，党的十九大把精准脱贫作为三大攻坚战之一进行全面部署，锚定全面建成小康社会目标，聚力攻克深度贫困堡垒，决战决胜脱贫攻坚。2020年，为有力应对新冠肺炎疫情和特大洪涝灾情带来的影响，党中央要求全党全国以更大的决心、更强的力度，做好"加试题"、打好收官战，信心百倍地向着脱贫攻坚的最后胜利进军。8年来，党中央把脱贫攻坚摆在治国理政的突出位置，把脱贫攻坚作为全面建成小康社会的底线任务，组织开展了声势浩大的脱贫攻坚人民战争。党和人民披荆斩棘、栉风沐雨，发扬"钉钉子精神"，敢于啃硬骨头，攻克了一个又一个贫中之贫、坚中之坚，脱贫攻坚取得了重大历史性成就。

金寨是中国革命的重要策源地、人民军队的重要发源地，也是全国扶贫开发工作的重点县。在这场伟大的脱贫攻坚战中，金寨人民从辉煌的革命历史和灿烂的红色文化中汲取无穷无尽的智慧和力量，68万老区群众大力弘扬"坚贞忠诚、牺牲奉献、一心为民、永跟党走"的大别山精神，"上下同心、尽锐出战、精准务实、开拓创新、攻坚克难、不负人民"。8年来，金寨县委、县政府带领68万老区人民，严格按照中央文件的规定，时刻把党和国家对老区人民的关怀记在心里，反复学习、深入领会习近平总书记视察金寨时的重要讲话精神，坚持以脱贫攻坚统揽经济社会发展全局，多措并举抓扶贫、千方百计拔“穷”根，探索出了一条符合金寨实际、行之有效的脱贫攻坚新路子。8 年来，金寨县委、县政府坚持以脱贫攻坚统揽经济社会发展全局，以精准为前提、以“两不愁、三保障”为目标、以“两业”为抓手、以“双基”为重点、以改革为动力、以扶志扶智为根本，开展了一系列富有成效的工作。金寨，这个著名的“将军县”在与贫困作战、向小康奋进的新征程中，又交出了一份出色的答卷，迈出了具有历史意义的新步伐。

为记录这场特殊的“战争”、留存这段辉煌的历史，我们专门从近几年在报刊上公开发表的有关脱贫攻坚的文章中，精选 30 余篇汇编成这本《将军县的脱贫攻坚》。全书共分三个部分：一是开展脱贫攻坚的光辉历程；二是助力脱贫攻坚的红色文化；三是引领脱贫攻坚的革命精神。

希望大家能够从中体会脱贫攻坚的千难万险，分享脱贫攻坚的胜利喜悦，感悟脱贫攻坚的伟大精神；更希望大家能够按照党中央和习近平总书记的部署和安排，认真学习党史军史、大力弘扬革命文化、积极传承红色基因，更好把握和运用党的百年奋斗历史经验，弘扬包括大别山精神、脱贫攻坚精神在内的革命精神和伟大的建党精神，增加历史自信、增进团结统一、增强斗争精神，坚定信心、勇毅前行，为实现第二个百年奋斗目标而不懈努力，以实际行动迎接党的二十大胜利召开！

胡遵远

2021 年 12 月

# 目　　录

## 第一部分　开展脱贫攻坚的光辉历程

打出“组合拳”　开启致富门——金寨县“六个一批”推进精准扶贫 … 3
推出一系列措施精准扶贫　金寨坚决打赢脱贫攻坚战 ………………………… 6
习近平总书记的重要讲话精神已在老区金寨落地生根、开花结果 ………… 9
挪穷窝　住新房　快脱贫
——安徽金寨易地扶贫搬迁带动脱贫攻坚首战告捷 ………………… 13
金寨县八路并进抓脱贫首战告捷 ……………………………………………… 17
“让老区人民过上幸福美好生活”——来自安徽省金寨县的调研报告 … 20
金寨脱贫之路 …………………………………………………………………… 24
走进老区——安徽金寨篇　金寨县脱贫攻坚的成功之路 ………………… 33
让村干部成为脱贫致富的“领头雁” ……………………………………… 39
革命老区要千方百计帮助农民增收 ………………………………………… 41
着眼基层实际　做好两大战略衔接 ………………………………………… 43
想良策妙计，施千方百计——金寨县改革开放40年，脱贫摘帽50万人 …
…………………………………………………………………………………… 46
将军县脱贫攻坚工作的“大回放” ………………………………………… 51

## 第二部分　助力脱贫攻坚的红色文化

金寨县认真贯彻落实习近平总书记讲话精神　切实抓好红色
基因传承工作 ………………………………………………………………… 69
着力谱写六安红色文化资源开发利用新篇章 ……………………………… 72
红色文化助力脱贫攻坚 ……………………………………………………… 75
研究红色历史　开发红色资源　传承红色基因 …………………………… 78
让革命文物说话　让红色历史再现
——关于革命文物保护利用工作的调查与思考 …………………………… 82

老区脱贫要用好红色旅游资源 …………………………………………………… 85
加速革命文化研究开发　助力脱贫攻坚决战决胜
——学习党的十九大报告关于革命文学重要论述的收获与思考 …… 87
让红色文化资源放射出更加灿烂的光芒
——关于金寨县红色文化资源开发利用工作的几点思考 ……………… 92
利用红色资源　发展红色旅游
——金寨县红色资源利用工作的调查与思考 …………………………… 100
安徽金寨：传承红色助脱贫 ……………………………………………………… 109
编制红色文化产业发展规划　促进老区经济社会快速发展
——对六安革命老区“十四五”规划编制工作的几点建议……………… 113
不忘嘱托　坚决把红色基因库建设好利用好 ………………………………… 115
让红色文化为革命老区加快发展提供强大精神动力 ……………………… 118
新时代进一步推动革命老区振兴发展 ………………………………………… 120
用好红色资源　加快老区发展 …………………………………………………… 122
弘扬红色文化　凝聚奋进力量 …………………………………………………… 124
学习“七一”讲话　用好红色资源　加快老区发展…………………………… 126
让老区人民过上更加幸福美好的新生活
——学习党的十九届六中全会精神的思考 ……………………………… 133
落实党的十九届六中全会精神　用好红色资源　推进学院发展
——以安徽金寨干部学院为例 ……………………………………………… 136
实施党建工作“领航”计划　当好红色“传人” ……………………………… 143

## 第三部分　引领脱贫攻坚的革命精神

坚贞忠诚　牺牲奉献　一心为民　永跟党走
——永放光芒的大别山精神 …………………………………………………… 149
弘扬老区精神　攻克坚中之坚
——用大别山精神点亮金寨脱贫攻坚路 …………………………………… 154
辉煌鄂豫皖　英雄大别山
——鄂豫皖革命根据地的历史贡献和伟大的大别山精神 ……………… 159
准确把握大别山精神的核心要义 ……………………………………………… 163
浅谈大别山精神的核心要义与传承弘扬 ……………………………………… 170

# 第一部分

## 开展脱贫攻坚的光辉历程

# 打出“组合拳”　开启致富门

## ——金寨县“六个一批”推进精准扶贫

金寨县牢固树立扶贫攻坚是最大民生的理念，大力实施精准扶贫，走出了一条符合实际、百姓欢迎的路子。该县紧紧抓住全国人大机关帮扶金寨实施“5+1”项目，省委、省政府实施“抓金寨、促全省”扶贫开发战略和全国光伏扶贫试点县，全国移民避险解困试点县的重大机遇，创新扶贫思路、建立扶贫机制，采取力度更大、针对性更强、作用更直接、效果更持续的“六个一批”措施，通过产业、项目、搬迁、兜底、智力、金融等方面推进精准扶贫。3 年来，累计脱贫 8.7 万人，2014 年，全县农民人均纯收入增至 7762 元、增长 12.7%，全县在册贫困人口减至 10.61 万人，贫困发生率为 18.1%。

## 一、壮大产业“摘穷帽”

金寨县将救济式扶贫转变为开发式扶贫，把产业扶贫作为增强“造血”功能的根本来抓，大力鼓励、支持、引导贫困户因地制宜发展传统本土产业。该县首先进行贫困户家庭情况区分，分类确定帮扶产业。把特色农业作为产业扶贫的主要措施，通过“龙头企业+合作社+基地+农户”的模式，引导贫困户一方面直接从事产业发展增加收入，另一方面通过土地流转、从事劳务等方式增加收入。3 年来，有 1 万余户贫困户通过发展特色农业产业，实现了脱贫。

一方面，金寨县把旅游服务业作为产业扶贫的重要措施，在景区沿线乡村，采取以奖代补等方式，支持贫困户开办农家乐、养生小院，鼓励他们从事乡村旅游服务，实现增收脱贫。近几年，越来越多的贫困农户通过参与旅游开发，走上了致富道路。另一方面，金寨县把光伏扶贫作为产业扶贫的创新措施，对那些没有劳动力及家庭成员存在重病、残疾的“失能”贫困家庭，尽力安排光伏发电这个一次性投资、长期受益、收入稳定的项目进行扶持。2014 年以来，已对 7807 户贫困户实施了光伏扶贫项目。此外，金寨县还积极探索了以扶贫资金入股产业经营主体，贫困户参与收益分红的扶持新方式。

同时，金寨县通过推进项目扶贫，夯实贫困户脱贫基础。近 3 年，全县累计争取实施农村基础设施项目 1000 多个，投入资金 11.5 亿元，新建安全饮水工程 135 处、河堤 58 千米，整修当家塘 1305 口，建设高标准农田 5.7 万亩，治理流域面积 70 平方千米，修建村组水泥路 1049 千米，建设美好乡村示范点 36 处，集中解决了一部分贫困群众行路难、灌溉难、饮水难等问题。

## 二、易地扶贫“挪穷窝”

推进搬迁扶贫，金寨县出台鼓励农民到中心村庄、集镇或县城购房（建房）奖励办法，实施库区移民避险解困、生态移民等项目，对居住分散偏远、地质灾害严重等生存条件较差村组的贫困户实行易地搬迁扶贫，并配套实施光伏发电、技能培训等扶持措施，让贫困户走出深山区、远离贫困。2013 年以来，全县通过新建成移民新村 3 处，搬迁贫困农民 1768 户、6824 人。

为了有效保障特困群体，该县在全面落实低保、合作医疗、农村保险、大病救助、产业保险等各项强农惠农政策的基础上，对那些基本生活仍然困难的特困群体，探索实施兜底扶贫。县财政每年安排 500 万元资金建立起特困救助基金，随时解决特困群众的基本生活困难。2014 年底，全县一次性救助 3000 户特困户，2015 年上半年临时救助特困户 168 户，共计投入 50.4 万元。

## 三、智力扶贫开启“智”富门

一是推进智力扶贫，提高贫困户脱贫能力。金寨县大力实施重大疾病防控、义务教育营养餐等一系列民生项目，认真开展 60 周岁以上老年人免费体检，全面落实义务教育免费入学、中职学校免收学费等政策，切实做好贫困大学生、中职生、高中生的教育资助工作。依托金寨职业学校等资源，在全县实行“1+1+1”培训，即让每 1 户贫困家庭有 1 人参加培训、掌握 1 门实用技术。计划 4 年内让全县所有贫困户每户至少有 1 人得到培训，以培训促就业、以就业促脱贫。3 年来，金寨县通过培训转移就业 2.5 万人，其中贫困劳动力 4205 人，基本实现了“进厂一人、脱贫一户”。

二是推进金融扶贫，增强贫困户发展后劲。金寨县全面实施农村金融综合改革，不断推进金融组织、产品和服务创新，增设金融营业网点和自助银行网点，新建助农取款点和村级金融服务室，实现基层金融服务村级全覆盖，基本实现“申请贷款不出户、存取现金不出村、汇款业务不出乡”。2014 年，全县发放小额担保贷款 4.3 亿元，支持 1500 多家农业专业合作社和家庭农场等新型经营主体加快发展，带动近 5200 户贫困户发展项目、实现脱贫。2015 年，全县开展了扶贫小额信贷示范工作，利用前期金融改革成果，于 8 月底前全面完成贫困户评级授信，10685 户贫困户获得授信 4.9 亿元，目前已发放扶贫小额信贷 4134 户，共计 1.7 亿元。

（作者：胡遵远、鲁艳艳，原载《皖西日报》2015 年 12 月 1 日）

# 推出一系列措施精准扶贫<br>金寨坚决打赢脱贫攻坚战

大别山革命老区脱贫攻坚重点县安徽省金寨县，创新扶贫思路、建立扶贫机制，采取“六个一批”措施，推进精准扶贫，自2012年以来的3年中累计脱贫8.7万人。2014年，全县农民人均纯收入增至7762元、增长12.7%，全县在册贫困人口减至10.61万人，贫困发生率为18.1%。金寨县的做法如下：

一是推进产业扶贫，拓宽贫困户增收渠道。金寨县把特色农业作为产业扶贫的主要措施，通过“龙头企业+合作社+基地+农户”的模式，引导贫困户一方面直接从事产业发展增加收入，另一方面通过土地流转、从事劳务等方式增加收入。3年来，1万余户贫困户通过发展特色农业产业，实现了脱贫；金寨县把旅游服务业作为产业扶贫的重要措施，在景区沿线乡村，采取以奖代补方式，支持贫困户开办农家乐、养生小院，以发展乡村旅游业实现增收脱贫；金寨县把光伏扶贫作为产业扶贫的创新措施，对那些没有劳动力及家庭成员存在重病、残疾的“失能”贫困家庭，尽力安排光伏发电这个一次性投资、长期受益、收入稳定的项目进行扶持，2014年以来已对7807户贫困户实施了光伏扶贫项目。此外，该县还积极探索了以扶贫资金入股产业经营主体、贫困户参与收益分红新方式。

二是推进项目扶贫，夯实贫困户脱贫基础。近3年，全县累计争取实施农村基础设施项目1000多个，投入资金11.5亿元，新建安全饮水工程135处、河堤58千米，整修当家塘1305口，建设高标准农田5.7万亩，治理流域面积70平方千米，修建村组水泥路1049千米，建设美好乡村示范点36处，集中解决了一部分贫困群众行路难、灌溉难、饮水难等问题。

三是推进智力扶贫，提高贫困户脱贫能力。金寨县大力实施重大疾病防控、义务教育营养餐等一系列民生项目，全面落实60周岁以上老年人免费体检，初中生小学生免费入学、中职学校免收学费等政策，切实做好贫困大学生、中职生、高中生的教育资助工作。依托金寨职业学校等资源，在全县实行“1+1+1”

培训，即让每1户贫困家庭有1人参加培训，掌握1门实用技术，计划4年内让全县所有贫困户每户至少有1人得到培训，以培训促就业、以就业促脱贫。3年来，通过培训转移就业2.5万人，其中贫困劳动力4205人，基本实现了“进厂一人、脱贫一户”。

四是推进金融扶贫，增强贫困户发展后劲。金寨县增设金融营业网点和自助银行网点，新建助农取款点和村级金融服务室，实现基层金融服务村级全覆盖，基本实现“申请贷款不出户、存取现金不出村、汇款业务不出乡”。仅2014年，全县就发放小额担保贷款4.3亿元，支持1500多家农业专业合作社和家庭农场等新型经营主体加快发展，带动近5200户贫困户发展项目、实现脱贫。2015年，又开展了扶贫小额信贷示范工作，利用前期金融改革成果，于8月底前全面完成贫困户评级授信，10685户贫困户获得授信4.9亿元，目前已发放扶贫小额信贷4134户、共计1.7亿元。

五是推进搬迁扶贫，斩断贫困户致贫穷根。该县出台鼓励农民到中心村庄、集镇或县城购房（建房）奖励办法，实施库区移民避险解困、生态移民等项目，对居住分散偏远、地质灾害严重等生存条件较差村组的贫困户实行易地搬迁扶贫，并配套实施光伏发电、技能培训等扶持措施，让贫困户走出深山区、远离贫困。2013年以来，全县新建成移民新村3处，搬迁贫困农民1768户、共计6824人。

六是推进“兜底”扶贫，有效保障特困群体。在全面落实低保、合作医疗、农村保险、大病救助、产业保险等各项强农惠农政策的基础上，金寨县对那些基本生活仍然困难的特困群体，探索实施“兜底”扶贫。县财政每年安排500万元资金建立起特困救助基金，随时解决特困群众的基本生活困难。2014年底，全县一次性救助特困户3000户，2015年上半年又临时救助特困户168户。

“十三五”时期是打赢脱贫攻坚战、全面建成小康社会的决胜时期，也是金寨缩小与发达地区差距、赶上全省平均水平的关键时期。金寨县决心把脱贫攻坚作为“十三五”时期的头等大事和第一民生工程来抓，坚持以脱贫攻坚统揽经济社会发展全局。该县将集中采取两个方面的措施：一方面是制定实施特色农业、光伏发电、乡村旅游、移民搬迁、“互联网+”、培训就业、教育资助、健康保障、生态保护、社保兜底等10项精准脱贫措施，做到对症下药、精准滴灌。另一方面是集中支持贫困村实施道路、水利、电网、危房改造、集体经济增收、信息化、乡风文明、强基固本、金融扶贫、社会帮扶等10大重点工程，确保贫困村村村实现“十有”目标，即有通畅道路、有安全饮水、有稳定供电、有文化乐园、有标准卫生室、有便民服务中心、有超市、有电商、有宽带网络、有有线电视，且村集体经济年收入达到10万元以上。全县干群立下愚公移山志，咬定目标、苦干实干，坚决打赢脱贫攻坚战，确保在2020年前金寨贫困人口全部脱贫、贫困村全部出列，贫困县摘帽，全县人一道迈入全面小康社会。

（作者：胡遵远，原载《大江南北》2016年第3期）

# 习近平总书记的重要讲话精神已在老区金寨落地生根、开花结果

2016 年 4 月 24 日，习近平总书记专程深入到革命老区金寨县视察指导工作，沿途发表了一系列重要讲话、作出了重要指示。这充分体现了总书记对老区人民的特殊感情和亲切关怀，让 68 万金寨人民备受鼓舞、倍加振奋、备感荣耀。几个月来，金寨县掀起了学习贯彻习近平总书记重要讲话精神的热潮，坚持以脱贫攻坚统领经济社会发展，拼搏奋进、扎实苦干，保持了经济社会平稳较快发展。2016 年 1— 6 月份，全县实现生产总值 48.5 亿元，同比增长 6.8%；财政收入 8.08 亿元，同比增长 36.3%；固定资产投资 70.2 亿元，同比增长 32.3%；社会消费品零售总额 30.97 亿元，同比增长 11.5%；金融机构存款余额 219.7 亿元，同比增长 17.3%，贷款余额 109.2 亿元，同比增长 16.7%，实现了“十三五”规划的良好开局。

## 一、着力把习近平总书记的视察指导转化为加速老区发展的坚定决心

2016 年 4 月 25 日，县委立即召开专题会议，研究部署习近平总书记重要讲话精神的学习贯彻工作，先后组织召开县委中心组（扩大）会议、县委常委（扩大）视频会议、“两学一做”学习教育工作视频会和脱贫攻坚调度会，传达学习贯彻习近平总书记重要讲话精神。结合正在开展的“两学一做”学习教育活动，把总书记的重要讲话作为全体党员干部的必学内容，真正把学习贯彻重要讲话精神落实到每个基层党组织和每名党员。在县委换届工作中，该县以习近平总书记的重要讲话精神为指导，认真起草党代会报告，精心描绘未来五年的发展愿景，310 名党代表向全县共产党员发出了“走在前头、干在实处，发挥先锋模范作用，坚决打赢脱贫攻坚战”的倡议书，形成了开拓奋进促发展、勠力同心奔

小康的浓厚氛围。3 个月来，县委、县政府带领全县广大干群，始终牢记总书记的殷殷嘱托，以饱满的热情、昂扬的斗志，全力投入决胜脱贫攻坚、加速老区振兴的伟大实践，确保与全国人民同步进入小康社会。在抗击“7·1”特大洪灾中，全县各级党员干部特别是领导干部，深入抗洪抢险一线，妥善安排群众生活、积极组织生产自救，取得了抗洪救灾的阶段性胜利，用实际行动践行了“两学一做”要求，回报了总书记的深切关怀。

## 二、着力把习近平总书记的谆谆教诲转化为传承红色基因的政治自觉

习近平总书记视察金寨时教导我们，要沿着革命前辈的足迹继续前行，把红色江山世世代代传下去，革命传统教育要从娃娃抓起，既要注重知识的灌输，又要加强感情的培养，把红色基因渗进血液、浸入心扉。为把总书记的谆谆教诲落到实处，一是深入挖掘大别山精神内涵。金寨县主动与中国社科院马克思主义研究院对接，签订了《共建金寨实践调研基地协议》，双方共同开展金寨党史、军史等理论研究。7 月 20 日，双方共同举办了主题为“弘扬‘两地’传统，传承大别山精神，奋力在脱贫攻坚中闯出新路”的学术研讨会。研讨会上，专家学者们一致认为，“坚贞忠诚”是大别山精神的核心本质，“牺牲奉献”是大别山精神的鲜明特征，“永跟党走”是大别山精神的永恒主题。二是倾力打造党性教育基地。扎实推进安徽金寨干部学院和传承红色基因教育基地建设，县委党校二期工程全面完工，国家、省、市三级 45 处革命遗址得到维修，立夏节起义旧址大王庙、红三十二师成立旧址朱氏祠、豫东南道委旧址接善寺等十余处纪念场馆完成布展。同时，积极谋划县革命博物馆扩建、“八月桂花遍地开”红色歌曲（文化）纪念馆和红四方面军纪念馆的筹建工作。精心编纂一批红色文化书籍、教材，研究开发一批红色教育党课，调整充实专家师资库，努力将金寨干部学院建成“安徽一流、全国知名”的党性教育基地。三是组织开展系列活动、积极传承基因。按照挖掘好红色资源、研究好红色历史、编纂好红色书籍、讲述好红色故事、传播好红色声音、宣传好红色金寨、展示好红色老区、开展好红色教育、传承好红色基因、谱写好红色新篇的“十好”工作思路，成功举办了纪念“中原突围”70 周年等系列活动，积极筹备红军长征胜利 80 周年纪念活动，深入开展革命传统教育进机关、进社区、进农村、进课堂、进村入户活动；针对儿童、青少年等不同群体，组织编排红色歌谣、编写红色故事、出版红色课本，大力传承和弘扬老区红色基因，不断提升金寨红色文化影响力。四是持续放大红色文化

效应。实施城乡红色提升工程，围绕山体、水系、道路命名、雕塑设计等重点内容，进一步突出城乡红色元素，使“红色基因”体现在城乡建设的方方面面，充分发挥其潜移默化、资政育人的作用。积极创建国家5A级红色景区，着力打造红色旅游精品景区，进一步做大做强红色文化产业。

## 三、着力把习近平总书记的深切关怀转化为决胜脱贫攻坚的强大动力

习近平总书记在金寨视察时指出，全面建成小康社会，一个不能少，特别是不能忘了咱老区。总书记语重心长的话充分体现了他对老区人民的深切关怀。3个月来，老区人民满怀感激之情，不断用脱贫攻坚的新成效回报总书记对老区人民的亲切关怀。一是以精准界定脱贫。组织干部逐户调查、公开评议，重新确定贫困户，做到一户不漏、一户不错、一户不假；设计10项脱贫措施“菜单”，实施10大脱贫工程，使脱贫措施与贫困户需求有效对接；落实县、乡、村、党员干部“四级四帮”责任制，确保每个贫困村都有单位联系，每个贫困户都有帮扶责任人；探索建立全县“精准脱贫大数据平台”系统，设计精准识别、精准帮扶、精准脱贫、精准监管、大数据分析5大模块，将全县8万多贫困人员相关信息全部录入其中，为精准脱贫搭建了便捷平台。县人社局、旅游委、共青团等23个县直单位分别制定了专项脱贫攻坚方案，更加突出精准扶贫、精准脱贫，形成了齐心协力促脱贫的浓厚氛围。二是以金融支持脱贫。创新“大户捆绑、金融撬动”扶贫模式，建立大户与贫困户利益联结机制，明确大户每贷款5万元，必须带动1户贫困户发展。目前已经向109个经营主体发放7185万元扶贫小额贷款，帮助带动1437户贫困户增收；创新贫困户“小额贷款+补贴”扶贫模式，对有发展能力的贫困户，发放扶贫小额贷款，并按贷款额的20%配套无偿扶贫资金，全县拟扶持3524户贫困户发展种养项目，计划贷款3000余万元，目前已发放3050户、2800余万元。三是以产业支撑脱贫。把发展光伏产业作为脱贫攻坚的主抓手，在前期实施1万户分布式光伏扶贫的基础上，创新“集成式光伏电站+贫困户”扶贫模式，分乡镇建设1.5万千瓦集成式光伏电站，扶贫收益按照贫困程度虚拟分配到户；推进村级光伏电站扩容，将全县218个村级光伏电站从60千瓦扩建至100千瓦，扩容后总装机将达8720千瓦，目前正公开招标建设单位。把特色农业作为促进贫困户增收的主渠道，推行“农业新型主体+贫困户”“合作社+家庭农场+专业大户+贫困户”等发展模式，组建了“六安瓜片产业联合体”，不断做大做强茶产业；徽商银行在金寨县设立10亿元的产业脱贫发展项

目基金，重点支持贫困村和贫困户发展特色产业；金寨黑毛猪养殖协会免费为贫困户发放猪苗，实行“订单”回收，带动30个贫困户增收脱贫。四是以搬迁加快脱贫。制定水库移民搬迁和易地扶贫搬迁实施方案，出台农村宅基地自愿退出奖励扶持办法和有偿使用办法，以优惠政策激励贫困户参与搬迁，加快脱贫进程。目前全县共落实搬迁安置点219个，实施易地扶贫搬迁4867户、17677人，实施水库移民搬迁3718户、12461人。五是以旅游带动脱贫。积极创建国家级全域旅游示范区，加快“旅游+”发展，推行农家小院“1+N”脱贫模式，县财政今年安排200万元奖补资金，支持旅游区沿线发展农家小院等乡村旅游，通过与贫困户“捆绑”，让贫困户在旅游产业中增收脱贫。目前，全县有近20万人参与旅游相关产业，共授牌农家小院233家，每年带动1000户以上贫困户脱贫。2016年1—6月份，全县共接待游客347万人次，创旅游综合收入14.12亿元，同比分别增长14.8%、10.1%。六是以兜底保障脱贫。创新出台了“金寨县建档立卡农村贫困人口医疗补充保险试点方案”，由县财政拿出4000多万元资金，为全县所有参加新农合、医保的建档立卡的8万多农村贫困人口，统一购买500元1人的合作医疗补充保险，对贫困户看病支出超出合作医疗报销的部分，通过补充保险予以报销，实现“贫困户免费医疗”，从根本上解决农村贫困人口“因病致贫、因病返贫”问题。对农村五保户、重度残疾人、计生优待家庭等群体代缴参合参保费，积极推动贫困线与低保线“两线合一”；重新修订出台城乡居民最低生活保障、农村五保供养及运行维护等14个政策文件，进一步用足、用活现有兜底政策，聚焦用于脱贫攻坚。全县科级以上干部每人结对帮扶一名孤儿，资助生活费和学杂费，直至其年满18周岁。七是以党建引领脱贫。深入开展以“引领、连心、头雁、先锋、阳光、保障”六大工程为重点的农村基层党建“强基工程”，开展新一轮城乡结对共建活动，向全县71个重点贫困村派驻党员扶贫工作队，工作队长一律任村党组织第一书记，做到贫困户不脱贫，扶贫工作队不撤岗。在全县各级党组织中召开以“提振精气神、打赢攻坚战”为主题的专题民主生活会和组织生活会，充分发挥各级党组织的战斗堡垒作用和党员的先锋模范作用，为坚决打赢脱贫攻坚战、全面建成小康社会提供坚强的组织保证。

（作者：胡遵远、任少松、桂圆媛等，原载《文化月刊》2016年第12期）

# 挪穷窝　住新房　快脱贫
## ——安徽金寨易地扶贫搬迁带动脱贫攻坚首战告捷

“我们现在住房安全有保障、脱贫致富有希望。”这是安徽省金寨县油坊店乡龚冲村搬迁户刘发耀的肺腑之言。在乔迁新居时，他在自家大门上贴了一副自编的对联：“识真贫扶真贫真扶贫，真办法实举措硬功夫。”无独有偶，该县斑竹园镇王氏祠村2016年也传唱着一首民谣：

我家住在王氏祠，进山步行十八里。
祖传三间土瓦房，根深蒂固是家底。
如今已经三十七，想说媳妇没人理。
村里找我拆旧房，易地搬迁好主意。
政策搭台我唱戏，二层小楼平地起。
扶贫带来好福气，媒婆进门来报喜。
凤凰争先往家挤，看我中意不中意。
……

百姓心声是对金寨县易地扶贫搬迁工作的极大肯定。为切实解决一些高寒山区“一方水土养育不了一方人”的难题，2016年，金寨县坚持把易地扶贫搬迁作为脱贫攻坚消除贫困的“第一仗”和“当头炮”，实行资源整合、政策叠加、统筹调度、强力推进，全年共完成易地扶贫搬迁5308人。“十三五”期间，全县力争易地扶贫搬迁1.1万户、3.8万人，真正让符合条件和有搬迁意愿的群众实现“应搬尽搬”。

### 一、广泛动员引导搬

金寨县地处大别山腹地，有千米以上的高山101座。“八山半水半分田，一分道路和庄园”的山区特殊地貌，以及20世纪50年代修建梅、响两大水库实施大规模的移民搬迁，致使全县多数贫困户分散居住在深山、石山、高寒山区等生存环境恶劣的地方。全县58.9万农业人口，其中47.6万人居住在1.64万个自然村庄。实现“两不愁、三保障”的标准，住房安全成为贫困户脱贫的首要需求和最大障碍。

2016年初，易地扶贫搬迁工作刚刚启动时，大多数群众都有“恋土、不离乡”的情结，还有部分贫困户对政策是否能够全部落实到位存在疑惑。针对这些情况，县里采取“动员大会”“村村响广播宣传”“干部进村入户宣讲”“发放明白纸”等多种方式进行政策宣讲，重点解读易地扶贫搬迁政策、住房建设面积控制标准、资金补助标准等相关规定要求，广泛宣传易地扶贫搬迁对于经济社会发展、人民生活品质提升等方面的重大意义，切实增强群众对易地扶贫搬迁的认同感、参与感，不断扩大易地扶贫搬迁的影响力，努力形成人人参与易地扶贫搬迁的浓厚氛围，最终实现了“愿搬则搬、应搬尽搬、一户不漏”。此外，金寨县按照“户申请、组评议、村票决和公示、乡（镇）审核和公示、县级审批和公告”的程序，精准确定搬迁人口和安置方向，签订搬迁协议。

## 二、叠加政策鼓励搬

为打消群众盖不起房、搬不起家的疑虑，该县用足用活各项政策和措施，最大限度地让利给群众，使每个贫困户不用自筹资金就能建起新房。在每个贫困人口享受2万元易地扶贫搬迁补助的基础上，叠加县内水库移民避险解困搬迁、农村宅基地制度改革试点等相关政策，对自愿拆除住宅或腾退宅基地的群众，给予相应的拆除房屋、退出宅基地补偿及腾退奖励。

对拆除房屋的群众，按照户型结构给予250～600元/平方米的补偿，并按照宅基地退出的时间给予最高上浮30%的补贴；对退出宅基地的群众，给予70元/平方米的补偿；对自愿放弃申请宅基地的群众，按2万元/户给予奖励；对进入县城和集镇购房并承诺放弃申请宅基地的群众，分别给予800元/平方米、200元/平方米购房补贴。对既是建档立卡贫困人口，又是水库移民人口的，叠加享受水库移民搬迁直补政策。

南溪镇石寨村观堂组贫困户张勇，家庭贫困人口4人（其中移民人口1人），认定宅基地退出补偿119220.82元，该户选择到规划的中心村庄安置，享受易地扶贫搬迁补助20000元/人（共4人），计80000元，享受水库移民补助1人15000元，合计享受补助214220.82元。石寨村对易地扶贫安置点采取地基工程政策统建、地上建筑群众自建的方式，该户建房费用约12万元，还剩余补助款9万余元。花石乡大湾村贫困户陈泽申，祖孙二人相依为命，习近平总书记到金寨调研时曾慰问该户。2016年，陈泽申家搬迁至大湾安置点，共获得宅基地退出、移民搬迁和扶贫搬迁补助合计12.28万元。对于少数完全无能力建房的特殊贫困户，该县又结合易地扶贫搬迁建设了196套公共安置房，缺口资金由政府统一承担，确保所有群众的住房安全。

## 三、统筹调度督促搬

根据“群众的事情群众办”的原则，该县各个安置点均组建了村民搬迁理事会，在安置点规划建设、户型选择等方面，充分发挥他们的主导作用，搬迁户建房由理事会统一组织和管理，乡镇政府加强监管。充分尊重群众意愿，统筹考虑资源环境和产业基础，结合美丽乡村建设，在全县规划保留的村庄中，选择160个中心村庄、140个自然村庄及10个集镇新建搬迁安置点，设计安置房户型11种供搬迁群众自选。

此外，金寨县对各安置点基础建设实行清单管理，县政府整合资金，予以重点保障。制定搬迁工作行事历，强化督促调度，县主要领导每月调度一次、分管领导每半月调度一次，联系乡镇县领导每周到所联系乡镇督促调度一次，确保搬迁工作快速有序推进。2016年，全县共调整安置点建设土地3825亩，建房8801间，开工率100%。截至2016年12月底，主体工程基本完成，全县2016年已搬迁入住2363户、8589人。

## 四、完善配套吸引搬

群众搬迁后如何种菜、养猪？如何上学、就医？这些问题群众最关心。该县高度重视搬迁安置点配套基础设施和公务服务设施建设，将学校、幼儿园、卫生室、农民文化乐园等公共服务设施纳入安置点建设规划，加快实施安置点道路提升工程，将原3.5米水泥路面拓宽到5米；投入环保资金4000万元，完善安置点污水处理设施。按照“缺什么补什么”和“适当留有余地”的原则，同步规划建设体育、旅游、商业网点等设施，确保搬迁群众住得放心、住得舒心。同时，为方便群众生活生产，由乡镇政府在安置点周边统一流转部分土地分配给易地扶贫搬迁户，解决群众种菜、养猪的难题。

能否稳定增收是决定搬迁成败与否的关键，解决安居问题是决胜脱贫攻坚的头等大事。该县特别重视贫困户搬迁后的产业发展问题，确保每个搬迁户都有2—3项稳定的增收项目，确保搬迁户就业有渠道、收入有提高。

在易地扶贫搬迁的带动下，该县的脱贫攻坚工作按照精准扶贫的思路，因户制宜、精准施策，积极探索脱贫攻坚的工作机制、创新脱贫攻坚的工作措施，全县 2016 年脱贫 4729 户、18288 人，实现了首战告捷、大获全胜，经济发展也呈现了“稳中有进、后劲增强、民生改善、社会和谐”的良好势头。

（作者：胡遵远，原载《中国扶贫》2017 年第 7 期）

# 金寨县八路并进抓脱贫首战告捷

2016年4月24日，习近平总书记视察安徽金寨时指出，全面建成小康社会，一个都不能少，特别是不能忘了老区。近一年来，金寨县八路并进抓脱贫首战告捷。2016年该县实现脱贫4729户、18288人，贫困发生率下降至11.2%，并顺利通过省级第三方评估验收。金寨县不断用脱贫攻坚的新成效回报总书记对老区人民的亲切关怀。

一是以精准界定脱贫。金寨县积极构建贫困户进入和退出第三方评估机制，实现贫困户“严进严出”，精准进入、精准退出；设计10项脱贫措施“菜单”、实施10大脱贫工程，使脱贫措施与贫困户需求有效对接；构建横向到边、纵向到底、各负其责、合力攻坚的责任体系，确保每个贫困村都有联系单位，每个贫困户都有帮扶责任人；建立完善全县“精准脱贫大数据平台”，将全县8.43万贫困人口相关信息全部录入其中；成立社会扶贫领导小组，鼓励企业吸纳贫困户就业，完善部门、乡镇、村协同作战、合力攻坚的工作体系，加大脱贫正面典型宣传力度，着力构建全社会参与脱贫攻坚的良好氛围。

二是上项目推动脱贫。金寨县进一步加大涉农资金整合力度，先后投入资金5.05亿元，完善农田水利基础设施。着力改善道路交通条件，争取投资16.34亿元，拓宽省道219千米，改造县乡道路193千米，硬化村级道路148千米，加固农村危桥77座，实施安保防护工程250千米，基本形成了国省道路产业化、县乡道路等级化、村组道路风格化的格局，夯实了脱贫攻坚的基础。

三是抓就业促进脱贫。金寨县成立贫困户就业推进领导小组，把就业作为脱贫攻坚的重要路径，成立贫困户培训工作领导小组，依托金寨职业学校教育培训基地，整合县内各类培训资源，推行“1+1+1”培训模式，为有需求的贫困户提供培训，计划到2019年，让全县每个贫困户至少有1人得到培训。全县积极搭建就业服务平台，为所有有劳动能力和劳动意愿的贫困人口提供就业岗位，实现“一人就业、全家脱贫”。同时，全县还积极开发公益性岗位促进就业。比如，县林业部门就专门面向贫困人口选聘2570人担任生态公益林护林员，平均每人每年增收6000元。

四是育产业支撑脱贫。金寨县成立产业脱贫工作领导小组，按照“长短结合、以短为主、以短促长”原则，着力打造“以大带小”的产业发展模式，确保每一个贫困户都有短线产业、大户和企业带动。在原已实施1.5万户分布式光伏扶贫的基础上，全县创新“集成式电站+贫困户”扶贫模式，分乡镇建成1.5万千瓦集成式光伏电站，正在建设3万千瓦光伏扶贫电站扩容，将全县218个村级光伏电站从60千瓦扩建至100千瓦，扩容后总装机将达8720千瓦；坚持把发展特色农业作为促进贫困户增收的主渠道，推行“农业新型主体+贫困户”“合作社+家庭农场+专业大户+贫困户”等发展模式，组建了“六安瓜片产业联合体”，并确定244名农技人员结对帮扶533户贫困户不断做大做强茶产业。徽商银行也在金寨县设立12.5亿元的产业脱贫发展项目基金，重点支持贫困村和贫困户发展特色产业。

五是活金融支持脱贫。金寨县创新贫困户“小额贷款+补贴”扶贫模式，对有发展能力的贫困户，发放扶贫小额贷款，并按贷款额的20%配套无偿扶贫资金，2016年发放贷款1192.5万元，扶持1193户建档立卡贫困户直接发展产业；创新“大户捆绑、金融撬动”扶贫模式，建立大户与贫困户利益联结机制，2016年向125个经营主体发放8235万元扶贫小额贷款，帮助带动1647户贫困户增收。

六是快搬迁带动脱贫。金寨县紧紧抓住农村宅基地制度改革全国试点的机遇，叠加宅基地制度改革、易地扶贫搬迁、美丽乡村建设等优惠政策，激励贫困户积极参与移民搬迁。2016年，全县共腾退整治宅基地2万余亩，净节约1.5万余亩，建成搬迁安置点310处，搬迁群众9426户、35192人，其中贫困人口5267户、19036人。同时，按照省政府要求，全县率先建立省内土地指标调剂使用交易平台，部分土地指标已实现挂牌交易，实现了“一年宅改、万户脱贫”。

七是兴旅游助推脱贫。金寨县以创建国家级全域旅游示范区为契机，加快“旅游+”发展，推行农家小院“1+N”脱贫模式。县财政每年安排200万元奖补资金，支持旅游区沿线发展农家小院等乡村旅游，通过与贫困户“捆绑”，让贫困户在旅游产业中增收脱贫。目前，全县有近20万人参与旅游相关产业，共授牌农家小院230家，每年带动1000户以上贫困户脱贫。2016年全县共接待游客754万人次，创综合收入30.1亿元，比上年分别增长15.2%和15%。

八是用兜底保障脱贫。金寨县财政拿出4215万元，为全县所有参加新农合、医保的建档立卡的8.43万农村贫困人口，统一购买500元/人的合作医疗补充保险，对贫困户看病支出超出合作医疗报销的部分，通过补充保险予以报销，基本实现“贫困户免费医疗”，从根本上解决农村贫困人口“因病致贫、因病返贫”问题。全县还全面落实省健康脱贫兜底“351”政策，认真执行建档立卡贫困患者慢性病费用补充保障“180”工程，确保2017年所有符合条件的贫困户全覆盖。金寨县加大教育资助力度，2016年已为5000多名贫困大学生办理助学贷款，2017年为所有新入学贫困大学生办理助学贷款。全县对农村五保户、重度残疾人、计生优待家庭等群体代缴参合参保费，积极推动贫困线与低保线“两线合一”。

2016年，金寨县脱贫攻坚首战告捷，保证了经济社会的平衡发展。全年实现生产总值97亿元，同比增长8.1%；财政收入12.01亿元，增长19.1%；农村和城镇人均可支配收入分别达9268元和21514元，增长9%和8.1%等，实现了“十三五”的良好开局。

（作者：胡遵远，原载《大江南北》2017年第6期）

# “让老区人民过上幸福美好生活”

## ——来自安徽省金寨县的调研报告

安徽省金寨县，地处大别山腹地，被誉为“红军的摇篮，将军的故乡”。这里先后组建过12支主力红军队伍，革命战争年代，10万金寨儿女为国捐躯；这里是国家级重点贫困县，2011年又被确定为大别山片区扶贫攻坚重点县。

习近平总书记十分关心老区人民，在2016年4月来到金寨县，深入花石乡大湾村走访村民，同当地干部群众共商脱贫攻坚大计，要求各级党委和政府“怀着对人民的热爱、按照党中央提出的精准扶贫要求，打好脱贫攻坚战，让老区人民过上幸福美好生活”。

三年来，金寨县各级党员干部和68万老区人民时刻把习近平总书记的亲切关怀记在心上，认真学习领会习近平总书记视察金寨时的重要指示精神，坚持以脱贫攻坚统揽经济社会发展全局，探索了一条符合金寨实际、行之有效的脱贫攻坚新路子。

### 一、“产业扶贫至关重要”

三年前，在村民陈泽申家的小院里，习近平总书记同乡亲们围坐在一起拉家常，听乡亲们说脱贫措施。习近平总书记指出，产业扶贫至关重要，产业要适应发展需要，因地制宜、创新完善。

三年来，金寨县委紧紧抓住产业扶贫这个至关重要的“牛鼻子”，出台了《打赢脱贫攻坚战三年行动实施意见》和《“十个一”脱贫工程实施意见》，根据贫困户致贫原因，为贫困户“量体裁衣”、设计多项脱贫“菜单”，真正做到“靶向脱贫”。

一方面，坚持把培育特色产业作为促进贫困群众稳定脱贫、持续增收的重中之重，按照“长短结合、以短为主、以长带短、以短促长”的产业发展思路，大力推广“四带一自”和“三有一网”产业扶贫模式。金寨县扶贫和移民开发局副局长项学军告诉学习时报调研组，三年来，全县加大产业奖补力度，带动贫困户发展特色产业。建设油茶脱贫基地 6.2 万亩，发展山核桃 0.7 万亩、中药材 10 万亩，设施大棚和露地蔬菜 4900 余亩。大力发展黑毛猪、家禽等居家畜牧养殖业，带动 2.7 万户贫困户稳定增收。旅游企业结对帮扶贫困户 1183 户，直接带动贫困户户均受益近 1400 元。120 余家电商、网商结对 4000 余户建档立卡贫困户帮助销售产品，205 个村建成村级电商服务站和物流快递收发点，71 个重点贫困村中已有 66 个村实现了村级电商和物流快递服务全覆盖。

另一方面，积极探索实施光伏电站扶贫工程，初步形成了“分户式、联村式、村集体式、大规模联户式”四种光伏扶贫新模式。截至 2019 年 6 月，全县已建成光伏扶贫电站 9075 座、装机总量 19.79 万千瓦。光伏扶贫项目覆盖了全县所有的行政村，贫困户户均收入达 3000 元以上。白塔畈镇项冲村扶贫专员吴目月告诉我们，光伏电站是扶贫的重要产业之一，村集体有 176 千瓦光伏电站，年收益在 18 万元左右。据了解，仅光伏扶贫一项，金寨就有 2.4 万多贫困户每年增收 3000 元以上。更为可喜的是，调研组在一线看到了老区人民发展光伏板下经济的创造，“光伏+种植”“光伏+养殖”“光伏+林业”“光伏+菌药”的农光互补产业模式等绿色发展方式与红色底蕴交相辉映，成为老区人民新的增收渠道。

## 二、“建立长效扶贫机制”

三年前，在和大湾村民座谈时，习近平总书记强调，打好扶贫攻坚战，要采取稳定脱贫措施，建立长效扶贫机制，把扶贫工作锲而不舍抓下去。

三年来，金寨县按照习近平总书记指引的方向，一步一步地探索建立、逐步完善长效扶贫机制。

金寨县农业农村局原局长唐玉龙向调研组介绍了五条主要措施。一是开展农村集体产权制度改革、农村“三变”改革，当村集体提取一定数额的收益后，就按一定比例分红给每个社员，增加贫困群众的财产性收入。二是建立就业奖补机制，激励贫困劳动者就业；加强就业培训，提高就业帮扶率，举办技能脱贫培训班一百余期，培训贫困劳动者超过 4600 余人次；创新开发光伏电站管护员、生态护林员等居家就业岗位和公益性劳务岗位 12546 个，基本实现了全县贫困户“户户有一岗、脱贫奔小康”的目标。三是健全金融脱贫机制，通过小额直贷扶持 14219 户贫困户发展光伏和特色种养业，2351 户贫困户通过“户贷企用”每户分红受益 2400 元左右。四是健全完善社会帮扶机制，发挥企业对贫困村、贫困户帮扶带动和示范引领作用，开展形式多样的社会扶贫活动。五是建立县域结对帮扶机制。根据省委安排，合肥市庐江县结对帮扶六安市金寨县，在产业合作、劳务协作、人才支援、资金支持及社会参与等五个方面给予大力支持。

## 三、“扶贫机制要进一步完善兜底措施”

2016年，习近平总书记走进村民汪能保的家，拿起桌上的扶贫手册，一边看一边询问老汪家的情况。听说老汪爱人有高血压，一年药费要花两三千块钱，习近平总书记说，因病致贫、因残致贫问题时有发生，扶贫机制要进一步完善兜底措施，在医保、新农合方面给予更多扶持。

三年来，金寨县委牢记习近平总书记的叮嘱，坚持在攻坚克难中强化保障，通过实施精准扶贫，确保2020年全面建成小康社会。金寨县委宣传部副部长夏贤松介绍了兜底扶贫的情况。

一是健康脱贫做到了全覆盖。严格落实安徽省健康脱贫政策，进一步完善贫困人口和因病致贫的非贫困人口就医保障机制，设立健康脱贫医疗专项补助资金和“180”专项资金，为所有贫困人口全额代缴医疗参保费用。每年贫困人口住院报销比例和慢性病药费报销比例分别达到90%以上。全面实施贫困人口“免费签约服务”“先诊疗后付费”和全民免费健康体检。探索建立覆盖全县城乡居民的医疗补充商业保险政策，村卫生室配发贫困人口慢性病药品，开展报销试点工作，2822名慢性病患者受益。

二是教育脱贫做到了全覆盖。按照定点定向的原则，动员所有帮扶干部对贫困家庭的在校生进行摸底、登记造册，确保每一个贫困学生都能享受到教育资助，努力做到应享尽享。给予贫困幼儿、义务教育阶段贫困寄宿生、普通高中贫困生和中等职业学校贫困生一定数额资助，给予当年考取全日制高等学校的贫困家庭本科学生一定资助，基本上实现了建档立卡贫困学生教育资助和中高职“雨露计划”教育补助应享尽享。

三是住房脱贫做到了全覆盖。如今，大湾村2016年7月开工新建的移民安置点成了该村最大的亮点，14亩的安置区分布着一座座白墙灰瓦的徽派小楼。据了解，这片扶贫安置点共安置33户居民，分70平方米、140平方米左右的两种户型。2017年农历新年后第一个搬进这片新房的陈泽平逢人便讲：“说实话，这辈子没想过能住进这么漂亮的楼房里，习近平总书记给我们带来了大实惠!”在项冲村村民申术发的家里，记者看到的是窗明几净的两层楼房，一家人的脸上展现的都是对生活充满信心的满足笑容。申术发说，现在，党的政策太好了。我们不光吃不愁、穿不愁，样样都不愁了。现在，金寨县的兜底脱贫得到了全面提高、精神脱贫得到了全面落实、基础建设脱贫得到了全面改善。

## 四、“建档立卡制度要坚持”

2016 年，在大湾村，召开了一场别开生面的座谈会。习近平总书记强调，做好精准扶贫，建档立卡制度要坚持，依靠群众精准找到和帮助贫困户。

三年来，金寨县坚持在基础工作中强化精准，坚持在责任压实中强化担当，全面提升基础水平，全面提升干部帮扶能力。

金寨县委副书记王思春告诉调研组，这些年来，金寨建立完善贫困人口动态调整机制，坚持贫困人口动态调整机制，扎实开展精准识别工作，适时开展贫困人口进出调整工作，确保应纳尽纳，应出尽出。按照数据监测校验规则，定期不定期地自我查找疑点数据，对监测到的疑点数据逐条落实到乡镇村，明确人员入户核实，确保信息数据与贫困户户情一致。组织乡村干部和驻村扶贫工作队对边缘户进行逐户摸底，对达到贫困户条件的边缘户，严格按照精准识别程序予以纳入，对不符合贫困户条件的边缘户，细致分析家庭基本情况，予以安排相应的政策。坚决防止形式主义，全面精简规范乡镇、村、户三级档案资料，全面提升基础档案资料质量。

打好精准脱贫攻坚战，关键要靠各级党员干部。据金寨县委组织部副部长张元林介绍，金寨县在发挥党员干部帮扶作用方面建立了一系列规章制度。严格落实“单位包村、干部包户”制度，全县 13000 多名干部联系到户。在省、市、县共同选派 71 名县处级干部担任贫困村第一书记兼扶贫工作队长的基础上，增派 154 名科级干部进驻非贫困村担任扶贫队长。采取政府购买社会服务的办法，为所有行政村招聘了扶贫专干。出台扶贫工作队和村级扶贫专干管理办法，明确工作职责、考核管理和待遇保障，保障了基层脱贫攻坚力量。加大干部脱贫攻坚政策知识培训力度，全面提升干部素质，切实增强干部帮扶能力。

党组织是脱贫攻坚的领导核心，县委是脱贫攻坚的一线指挥部。三年来，六安市委副书记、金寨县委书记潘东旭反复强调，打赢脱贫攻坚战是我们最大的政治、最大的责任、最大的任务，脱贫攻坚到了爬坡过坎、攻坚拔寨的关键时期，要以超常规的力度，苦干、实干、拼命干，努力交上一份真实满意的答卷。为了加强党对脱贫攻坚工作的领导，金寨县创造性地建立了县、乡、村三级书记遍访贫困对象制度，各级干部围绕“六精准”“两不愁、三保障”等内容全方位全覆盖走访到位，切实了解贫困户、边缘户生产生活困难，全面打通“最后一公里”障碍，切实提高帮扶成效，极大地提高了群众满意度。

仅 2017 年以来，金寨县就脱贫 1.45 万户、4.96 万人，67 个贫困村出列。2019 年将全面实现户脱贫、村出列、县摘帽目标。

（作者：学习时报调研组，原载《学习时报》2019 年 6 月 26 日）

# 金寨脱贫之路

2019年5月，习近平总书记在江西调研并主持召开推动中部地区崛起工作座谈会。总书记一再叮嘱："现在国家发展了，人民生活好了，一定要饮水思源，不要忘了革命先烈，不要忘了中央苏区的老百姓们。各级党委和政府要关心照顾好为中国革命做出贡献的老红军、老同志以及红军后代、革命烈士家属。""金寨县什么时候能脱贫摘帽?"在座谈会上，总书记多次插话，向有关中部省份负责同志询问他考察过的贫困地区脱贫攻坚进展情况，关切之情溢于言表。

让总书记念念不忘的金寨县是中国革命的重要策源地、人民军队的重要发源地，红色历史灿烂辉煌、红色文化积淀深厚、红色基因丰富多彩。然而，政治上的光荣没能和经济上的发展"同频共进"。长期以来，金寨县一直在国家重点贫困县的行列中徘徊。1978年，全县还有贫困人口54万，占总人口的99%。

改革开放以来，金寨县始终把扶贫开发、脱贫攻坚作为最大的政治及最大的责任，通过采取救济式扶贫和开发式扶贫等多种措施，到2000年底，全县贫困人口下降到12万人，自被列入国家级首批重点贫困县后，2002年再次被确定为"国家扶贫开发工作重点县"。

2014年1月，中共中央办公厅、国务院办公厅印发了《关于创新机制扎实推进农村扶贫开发工作的意见》，以此为标志，金寨县的扶贫开发工作进入了"精准式扶贫阶段"。当时，全县建档立卡贫困户4.23万户、13万人（包括返贫人口），重点贫困村71个，贫困发生率为22.1%。

2016年4月24日，习近平总书记带着党中央、国务院对老区人民的亲切关怀，深入到金寨县花石乡大湾村走访困难农户，与群众促膝谈心，详细了解他们的家庭收入和生产生活情况，关心群众的就业、上学、住房、医疗等具体问题。总书记对乡亲们说："我这次是专门来看望大家的!"

几年来，金寨县各级党委、政府和68万老区人民，时刻把习近平总书记的亲切关怀记在心里，反复学习、深刻领会总书记视察金寨时的重要讲话精神，坚持以脱贫攻坚统揽经济社会发展全局，探索了一条符合金寨实际、行之有效的脱贫攻坚新路子。

## 一、不能忘却的记忆

新中国成立后，金寨人民翻身得解放，但由于战争的创伤、地理条件的制约，加之自然灾害的影响，20 世纪六七十年代，金寨人民仍然过着非常艰苦的生活，全县的贫困面很广、贫困程度很深。老区人民的困难处境引起了中央和省市各级领导的高度重视，邓小平、乔石等党和国家领导人先后来金寨视察指导工作。

万里“痛下决心抓改革”，全国农村改革的序幕自此拉开。改革开放至今已经走过了 40 余个年头，而改革开放的重要组成部分——农村改革正是由时任安徽省委第一书记的万里在江淮大地拉开序幕。促使他痛下决心抓农村改革的最直接原因，就是他在金寨县的一次泪流满面的走访和调查。

1977 年 11 月 7 日，到安徽上任不久的万里前往金寨县调查走访。中午，万里一行在食堂里吃了一顿便餐后，便翻山越岭，深入金寨县的边远山区，想到一些当年的老红军和烈士的家中去访问。

翻过大山，几幢房子散落在向阳的山坡上。负责带路的县委办王主任用手一指，说：“前方靠近那棵大树下面就是一家老红军。”

一位老人正躺在门口地上晒太阳。看到有人来，老人下意识地坐起来说，屋里坐吧。望着老人严重贫血的面孔，万里说，我要看看你的家。

万里进了屋，两眼一扫，只见家徒四壁，老人的妻子和两个闺女在床上，缩坐在一起，旁边的被子已露出了棉絮。

老人说：“客人来了，烧锅茶么!”老人妻子正要起身，忽然想起自己和女儿没穿裤子。原来他们全家只有一条裤子，穿在了老人的身上。

老人妻子起身的一瞬间也让万里和同行人尴尬万分。万里借机转到灶台旁，他揭开锅盖，里面是菜粥，一股发霉的味儿直冲上来。万里紧锁双眉，一言不发。

从这位老红军家里出来，万里又来到另外一户农民家。屋子中央坐着一位衣衫破烂的中年妇女，万里便询问她家的情况：“你家几口人啊?”中年妇女回话说：“五口，夫妻俩，带三个孩子。”“爱人呢?”万里问。妇女说：“干活去了。”“那三个孩子呢?”“都出去玩了。”万里说：“请你把他们喊回来，让我看看。”

对方面有难色，不肯出门去找。

万里有些奇怪，在他再三催促下，中年妇女才无可奈何地向锅灶走去。

万里这才发现，三个赤身裸体的孩子，都缩在灶膛里！原来烧过饭的锅灶，尚有余热，三个没有衣服穿的孩子正好挤在里面御寒。

万里走出这家茅屋，心如刀绞、泪流满面。他长叹一声：“中央把我派到这个省，我万里也有责任啊！想想我们解放都28年了，老区还是这样穷，我们对不起老区人民啊，四口人一条裤子、食不果腹，我们何颜以待？问心有愧呀！过去只听说大别山区还很贫穷，但是没有想到竟然贫穷到这般地步！”

从金寨回到合肥，万里当即主持召开了全省各市县书记会议。他说：“首先得想办法让农民有饭吃！”此后，他又召开省委常委会议，“我们要用新的政策、新的办法来调动农民的积极性”。

此后从“尊重生产队自主权”，到“借地度荒”，再到“联产到组”“包产到户”等一系列形式，直至最后形成的“大包干”，安徽的农村改革呈现出具体轮廓。

1980年初，安徽省农村工作会议明确指出包产到户是农业生产责任制的一种形式，这使八皖群众期盼已久的包产到户在省内有了“户口”。

1980年9月，中央印发文件指出，边远山区和贫困地区“可以包产到户，也可以包干到户，并在一个较长的时间内保持稳定”。

1982年1月，中央一号文件进一步肯定包产（干）到组、到户等都是“社会主义集体经济的生产责任制”。“大包干”从安徽地方“户口”变成了全国“户口”。

两位女红军“甘为金寨鼓与呼”，全国扶贫开发工作的最早组织从此建立。1982年，邓六金（曾山夫人）、陈兰（邓子恢夫人）两位老红军从工作岗位上退下来后，第一个愿望就是回到当年战斗过的苏皖地区，重游故地。

一路风尘一路行。她们用了近40天时间，边走边看，在看到巨大变化的同时也发现了许多问题，特别是金寨的库区群众，仍有不少人白天行乞为生，夜晚窝棚栖身，过春节连年夜饭都没得吃。

她们决心帮助金寨“鼓与呼”！回到北京后，她们慎重地写下了一份报告，呈送到时任中共中央总书记胡耀邦的案头：要重点解决老区人民的温饱问题，要关注当年对革命作出过贡献的人员，告诉他们共和国没有忘记昨天、没有忘记有功之臣！

对于她们的倡议，中央给予了高度重视。胡耀邦亲笔批示给习仲勋、乔石：“这些老大姐下乡做调查，很不容易，要适当鼓励。”国务院为此专门成立了支援老、少、边、穷地区办公室（国务院扶贫开发办公室的前身），国家计委、财政部、民政部、妇联、卫生部等单位分别派出工作组来实地解决问题。

山上的小窝棚拆了，移民们搬进了新建成的房屋里，不再惧怕雨雪风霜了；政府专门派来技术员指导群众开展生产自救、发展网箱养鱼……金寨在安徽的经济水平排位上升了好几位。

两位老红军的“鼓与呼”，极大地促进了支持老区发展的政策出台，加快了支援老区建设的步伐，可谓开扶贫工作之先河。

将军上书最高层，扶贫开发工作的实质性步伐由此迈开。1983 年 3 月，陈祥、林维先、汪少川等几位金寨籍老将军联名给中共安徽省委、省政府写信，主要内容是：不久前，我们读了省民政厅调查组李灏同志等写的一份《关于金寨县当前群众生产、生活情况和今后意见的调查报告》（以下简称《调查报告》），我们从内心深处感到不安。当年的金寨人民为革命战争和民族解放战争付出过极大的牺牲，而如今，竟有“相当一部分群众的温饱问题还没有得到解决”。期望省委、省人民政府的领导同志及早作出切实可行的措施，解决金寨人民长期贫困的问题。

为了使这封信产生更大的影响，陈祥将军又请战争年代曾长期在皖西工作的郭述申和金寨籍中将陈先瑞两位老同志，将这封信转送最高领导人。于是，这两位老同志又写了一封信。主要意思是：林维先、汪少川、陈祥等老同志，给安徽省委、省人民政府写了一封信，信中反映了他们对《调查报告》的看法和建议。这封信，体现了这些老红军战士对人民的关切。从《调查报告》提出的问题来看，要解决金寨县老区人民的贫困，没有中央对省的支持和配合，三五年内是很难奏效的。为此，建议党中央、国务院请水电部、民政部及有关部门组成联合考察组，对《调查报告》情况进行核实，对报告中提出的合理建议，予以支持。

胡耀邦于 1983 年 12 月 8 日将郭述申、陈先瑞两同志的信件批转给时任国务院副总理的田纪云。12 月 10 日，田纪云又将此件批转给时任国家经委副主任的李瑞山，五天之后，李瑞山批示：农、林、水、财、民几个部，由经委农业局一个同志牵头，去安徽调查一下，抽时间召省地县同志来谈一谈。

在陈祥老将军给安徽和中央领导写信的同时，金寨籍的老将军林彬也于 1983 年 5 月 25 日给时任国务院副总理万里、国务委员张劲夫写了反映金寨情况的长信；金寨籍老红军、时任长沙铁道学院党委书记朱国栋，也于 1984 年 2 月 16 日给时任安徽省委书记黄璜写了反映金寨情况及提出建设建议的长信。这些被金寨干群统称“将军上书”的信件引起了省委、省政府领导和中央领导的高度重视。1984 年 2 月，国家及省、地赴金寨县调查组到金寨进行实地调查和考察，“基本摸清了（金寨）情况，并就老区贫困县应采取的生产方针、政策和解决群众生活问题的办法，同安徽省委、六安地委、金寨县委以及国务院有关部门进行了具体研究”，形成了一份长篇报告。事实证明，报告提出的一系列措施是对的，金寨人民从此走上了一条健康发展经济、迅速改善生活的宽广之路。

## 二、走过的艰难历程

纵观金寨近40年扶贫开发历程，可以分为四个阶段，每个阶段都有不同的特点，每个时期都有显著的收获。

全面开展阶段（1978—1993年），实现了由大面积贫困向贫困人口迅速减少的转变。这一时期，金寨着眼于大幅减少贫困人口，确立了“少生孩子多栽树、系列开发抓支柱”“八亩山场做文章、系列开发奔小康”“刀斧不上山、青黄不下山”的开发式扶贫思路，大力发展山场经济，带动农民增收。截至1993年，全县贫困人口下降到12.1万，比1986年减少41.9万，年均降幅达11.5%。

扶贫攻坚阶段（1994—2000年），实现了由困难群众衣食堪忧向基本解决温饱的转变。1994年，国家出台了“八七扶贫攻坚计划”，明确提出到2000年底基本解决8000万农村贫困人口的温饱问题。面对新的任务和要求，金寨县提出了“面向大市场、培育新支柱、稳定茧丝绸、实施多元化、推进产业化、脱贫奔小康”“一手抓吃粮、一手抓山场；长抓林电矿，短抓栗茶桑；三线八路奔小康”的工作思路，立足资源优势、调整产业结构，大力发展特色农业和资源型工业，带动扶贫开发工作水平不断提升。到2000年，全县贫困人口温饱问题得到基本解决。

综合开发阶段（2001—2011年），实现了由巩固温饱成果向改善贫困地区面貌的转变。以中央颁布实施《农村扶贫开发纲要（2001—2010年）》为标志，全国扶贫开发工作由解决温饱问题转到巩固温饱成果、改变贫困地区落后状况上来。作为全国扶贫开发重点县的金寨县，坚持把扶贫开发纳入全局工作，统筹谋划，提出了“加快推进工业化城镇化，带动农业产业化，促进农民脱贫增收”的工作思路，大力加强贫困村基础设施建设，积极实施整村推进、产业扶贫工程，一些贫困地区的生产生活条件明显改善，特色农业和乡村旅游发展方兴未艾。

新一轮扶贫开发阶段（2011年至今），推动了由摆脱贫困向根治穷根的转变。2011年，金寨县被确立为大别山扶贫攻坚重点县，国家制定出台了大别山片区区域发展与扶贫攻坚实施规划，把金寨作为实施大别山集中连片扶贫开发的主战场。区域扶贫成为金寨县委、县政府的工作重心。2015年开始，金寨又由区域扶贫逐渐向精准扶贫转变。

## 三、总书记的亲切关怀

2016年4月24日，习近平总书记亲临金寨考察。他来到花石乡大湾村村民陈泽平家，与其亲切交谈。“身体还好吗?”“这个季节屋里还有点冷吧?”“家里种几亩地?”“种的茶叶几年能有收获?”“养了几头猪?”“猪肉价格还可以吧?”总书记问得十分仔细。村干部递上《建档立卡贫困户基本情况调查表》后，“移民直补”“公益林补贴”“计生奖励”“劳务收入”……总书记一边念着表格上的项目，一边向陈泽平了解贫困户搬迁等支出和补贴情况，问他愿不愿意搬迁到山下去。陈泽平高兴地说：“党的这个政策好，我欢迎!”

走出陈泽平家，习近平总书记又来到村民汪能保家。总书记紧紧地握着他的手，热情地说：“老汪，你好，我来看望你们!”汪能保激动不已：“做梦都没想到您会到我家来，共产党政策好，给我们带来好多福分啊!”习近平总书记拿过他家的《扶贫手册》，从第一页开始翻阅，了解致贫原因、扶贫措施、脱贫进展等情况。听说老汪的爱人患有高血压，一年要花两三千元药费。总书记说，因病致贫、因残致贫问题时有发生，扶贫机制要进一步完善兜底措施，要在医保、新农合方面给予更多的扶持。

走出汪能保家，习近平总书记又走访了汪达伟、汪达开、陈泽申3个农户。乡村干部沿途向总书记介绍了茶园、鱼塘、光伏电站等扶贫项目，总书记一一询问生产经营、成本效益，同大家一起算脱贫时间账。

村民陈泽申家的小院里，正中间摆着一张小方桌，桌上放着一筛子花生，旁边是一圈椅子。习近平总书记就在这里坐下来与乡亲们座谈。“有党和政府的关心，我的孙子都读到高三了。”听说陈泽申的孙子即将高考，总书记详细询问孩子学习情况。他说，要做好教育扶贫，不能让孩子们输在起跑线上，教育跟不上就会世世代代落后，学一技之长才能有更好的保障。听说村民汪於常兴办农家乐，有了致富门路。总书记便问他：“来的人多吗?是每天都有人来，还是逢年过节才有人来?”“主要是双休日来客人。”“主要是哪里人?”“都是城里人。”听说前一天，他家来了6批客人，赚了不少钱，总书记高兴地笑了。

大湾村第一书记、扶贫工作队队长余静向习近平总书记讲述自己的扶贫历程后，说：“村里现在有建档立卡贫困户174户415人。大湾村一户不脱贫，我坚决不撤岗!”总书记问她：“像光伏扶贫这样的产业化扶贫措施，还有哪些?”“还有茶叶、旅游、养殖。”“这些措施是长期的吧?”“是的。”得到满意的回答后，总书记脸上露出欣慰的笑容。

习近平总书记对乡亲们说，我这次是专门来看望大家的，目的就是要了解农村扶贫特别是革命老区扶贫工作的真实情况。

习近平总书记指出，脱贫攻坚已经进入啃硬骨头、攻坚拔寨的冲刺阶段，必须横下一条心来抓。要强化目标责任，坚持精准扶贫，认真落实每一个项目、每一项措施，全力做好脱贫攻坚工作，以行动兑现对人民的承诺。

## 四、如今的幸福生活

光阴似箭、日月如梭。三年过去了，2019年5月，笔者来到大湾村，看到那里的村容村貌发生了翻天覆地的变化：畅通无阻的水泥路，联通了山村内外；一座273.6千瓦光伏电站已投入使用；村里启动了“三清四拆”，对村庄沿线环境进行了综合整治；村民们住进了现代化的移民新村，用上了干净卫生的自来水；茶产业扶贫车间正式启动，开启了产业脱贫的新征程；乡村旅游景点初具雏形，农家乐生意越来越红火……陈泽申高兴地告诉我们，在各项扶贫政策的扶持下，他家的收入快速提升，2015年还不到3000元，2016年就达到了2万元，2017年达到3万元，2018年达到4万元。“这4万元是从哪些方面挣来的呢?”陈泽申掰着手指数给我们听：养鸡养羊收入8000元，种植中药材收入3000元，在茶厂打工一年收入2万元左右，在村里做保洁员每个月500元，农闲时在工地做小工一天是150元，就这几笔加起来一年就超过4万元了!

作为村里第一个主动申请摘帽的贫困户。如今，陈泽申走路带着风、说话含着笑、干事铆足劲。他说，我可以自豪地向总书记报告：“您来过这两年大湾村的变化可大了!”大湾村像陈泽申这样的例子还有很多，通过一系列的帮扶“组合”，大湾村2016年脱贫18户63人，2017年脱贫31户105人，2018年脱贫86户200人，如期实现了“户脱贫、村出列”的既定目标。

张传峰，金寨县汤家汇镇竹畈村人，中学毕业后，张传峰也想着和别人一样到大城市去闯一闯，但由于身体原因，个子矮、体质差，他只能眼睁睁地看着同龄的伙伴开开心心出门、风风光光开着小汽车回来，心里也曾悲观和失落，也曾感叹命运的不公。

因为缺少劳动力，2014年，张传峰家被评为贫困户。这一年，张传峰在心里默默定下目标，一定要摘掉贫困帽，让父母和孩子过上好日子。

他和父母商议，东拼西凑借了1万元钱，买了22只小羊羔，自己动手用木条钉了一间30平方米的羊舍，开始当起了羊倌。

2015年，张传峰家的羊越来越多。张传峰用政府为他申请的10万元创业扶贫贴息贷款，扩建了羊场，又买了20多只种羊。在社会各界的帮助下，到2015年底，张传峰家的羊群发展到300多只。

幸福不负勤劳人。2016 年，张传峰家不仅山羊养殖发展得顺风顺水，还用前一年卖羊的钱购买了 2000 多只黑鸡和 300 多只鸭苗，2016 年纯收入超 12 万元。“金寨县农发委奖励了我 5000 元，我还参加了光伏入股分红。这一年，我家一举把贫困户的帽子甩得远远的。只要肯努力，日子就会越来越好。”

2017 年，汤家汇镇立足红色资源大镇的实际，在着力开发红色产业的同时，还积极走融合发展之路，将红色文化与乡村旅游结合起来，在镇内唯一的一条红军街的基础上创建电商特色小镇。张传峰抓住机遇，立即在红军街租了两间门面房，并参加了电商培训班，开始试着通过网络来销售自己的农产品。结果，在社会各界的帮助下，张传峰的电商业务越做越好、越做越大，不仅自己找到了一条稳定脱贫走上富裕的路子，还帮助其他贫困户通过网络销售蜂蜜、土鸡蛋、粉丝、葛粉、挂面、黑毛猪肉等农产品。从一个贫困户变为一个能够带动其他贫困户发展的“小能人”。

2018 年，汤家汇镇成立了电商协会，张传峰又从单打独斗发展为抱团发展。这一年，张传峰自己做养殖和电商的销售收入就有 380 多万元，同时，还帮助 100 多个贫困户销售了价值 100 多万元的农产品。

张传峰不过是金寨人民在脱贫攻坚中涌现出来的一个典型。他的脱贫致富事迹，既是政策扶持、技术扶持的结果，也是他努力拼搏、奋发向上的结果，更是依托红色资源、发展旅游三产的真人实例。

“一寸山河一寸血，一抔热土一抔魂。回想过去的烽火岁月，金寨人民以大无畏的牺牲精神，为中国革命事业建立了彪炳史册的功勋，我们要沿着革命前辈的足迹继续前行，把红色江山世世代代传下去。”这是习近平总书记 2016 年 4 月 24 日视察金寨时作出的重要指示，也是金寨人民擦亮红色名片、做大红色文章、发展红色旅游的强大动力。

近年来，以汤家汇镇为代表的有关乡镇，充分挖掘当地红色资源，着力打造红色品牌。金寨县委、县政府更是认真贯彻落实总书记的重要讲话精神，高度重视、切实加强红色文化资源的研究、开发、宣传、利用工作。三年来，该县认真开展了革命遗址遗迹和重点红色文化资源的普查工作，精心编制了红色旅游发展规划，建设了一大批与红色旅游发展配套的项目。在此基础上，大力支持旅游区、公路沿线的贫困群众发展乡村旅游和农家乐项目，鼓励他们依托红色资源，发展旅游产业，增加收入，实现脱贫致富。

数据显示，2018 年全县的红色旅游接待游客 400.49 万人次，创综合收入 12.67 亿元，全县共有 20 万人分享了红色旅游带来的果实。

通过几年的集中攻坚，金寨县的脱贫攻坚取得了显著成效。到 2018 年底，全县贫困人口减少到 8348 户 16114 人，未出列村只剩下 4 个，贫困发生率下降为 2.73%。贫困户的持续增收潜力进一步增强，“两不愁、三保障”的突出问题得到基本解决。2019 年以来，金寨县紧扣上级下达的“1.36 万以上贫困人口脱贫、4 个贫困村出列、高质量的县摘帽”这一目标任务，全力以赴、合力攻坚，实现了由重数量向重质量、外生型向内生型、短期型向长期型、单一型向均衡型转变，预计到 2019 年底可顺利实现“户脱贫、村出列、县摘帽”这个历史性的胜利。

有人这样形容金寨目前的脱贫攻坚形势：“策源地里擂战鼓，发源地里再攻坚，大别山区金寨县，千军万马战犹酣。”在金寨这块具有光荣革命传统的红色土地上，勤劳勇敢的金寨人民正在连续不断地、持之以恒地向着贫困这个“顽症”和“堡垒”发起总攻。我们坚信，这场集全县之智、举全县之力，倾力实施的脱贫攻坚决战，一定会决战决胜、大获全胜！

（作者：胡遵远，原载《江淮文史》2019 年第 5 期）

# 走进老区

## ——安徽金寨篇　金寨县脱贫攻坚的成功之路

2020年4月28日，在习近平总书记考察安徽省金寨县4周年之际，金寨县顺利通过贫困县退出公示。4月29日，安徽省宣布：革命老区金寨县正式退出贫困县序列。至此，安徽省实现贫困县“清零”目标。

4年前，习近平总书记带着党中央、国务院对老区人民的亲切关怀，深入金寨县花石乡大湾村走访困难农户，与群众促膝谈心，详细了解他们的家庭收入和生产生活情况，关心群众的就业、上学、住房、医疗等具体问题。总书记对乡亲们说：“我这次是专门来看望大家的！”脱贫攻坚已经进入啃硬骨头、攻坚拔寨的冲刺阶段，必须横下一条心来抓。要强化目标责任，坚持精准扶贫，认真落实每一个项目、每一项措施，全力做好脱贫攻坚工作，以实际行动兑现对人民群众的承诺。

2019年5月23日，习近平总书记在江西调研并主持召开推动中部地区崛起工作座谈会。“岢岚县赵家洼村整村搬迁后，老百姓就业有没有着落？”“金寨县什么时候能脱贫摘帽？”座谈会上，总书记多次插话，询问他考察过的金寨等地的脱贫攻坚进展情况，关切之情溢于言表。

一直让习近平总书记念念不忘的金寨县是中国革命的重要策源地、人民军队的重要发源地，红色历史灿烂辉煌、红色文化积淀深厚、红色基因丰富多彩。然而，政治上的光荣没能和经济上的发展“同频共进”。长期以来，金寨县一直在国家重点贫困县行列中徘徊。1978年底，全县有贫困人口54万，占总人口的99%。

改革开放以来，金寨县始终把扶贫开发、脱贫攻坚作为最大的政治、最大的责任，通过采取救济式扶贫和开发式扶贫等多种措施，到2000年底，全县贫困人口下降到12万人。

2014年1月，中共中央办公厅、国务院办公厅印发了《关于创新机制扎实推进农村扶贫开发的意见》，以此为标志，金寨的扶贫开发工作进入了“精准式扶贫阶段”。当时，全县建档立卡贫困户 4.23 万户 13 万人（包括返贫人口），重点贫困村 71 个，贫困发生率为 22.1%。

几年来，金寨县各级党委、政府和 68 万老区人民，严格按照中央文件的规定，时刻把党和国家对老区人民的关怀记在心里，反复学习、深刻领会习近平总书记视察金寨时的重要讲话精神，坚持以脱贫攻坚统揽经济社会发展全局，多措并举抓扶贫、千方百计拔“穷”根，探索出了一条符合金寨实际、行之有效的脱贫攻坚新路子。

## 一、逢山开路、遇河架桥，打通脱贫致富道

要想富，先修路。这是人们在长期的扶贫开发工作中总结出的至理名言。金寨是安徽省面积最大、山区人口最多的县，交通不便是导致金寨贫困的重要原因之一。

“就像看着自己的孩子一天一天慢慢长大一样，我是眼看着这条旅游公路从无到有的。”金寨县地方公路管理局金涛对笔者说。2014 年 9 月 25 日，大别山旅游扶贫快速通道金寨段一期工程竣工、顺利通车。当时，他还只是一个项目综合协调组的工作人员，从前期勘探到项目施工，再到最后通车，他为这条路忙活了一年多。“群众对改善交通条件的呼声很高。这条路，是民心路，也是幸福路”，金涛接着说。在这条路贯通之前，当地虽然有路，但是路况很差，“斑竹园到天堂寨那一段才 40 多公里，汽车就要走一个半小时，有的地方只有摩托车才能通过”。路烂交通差，货到地头死，不少群众或举家搬迁，或外出打工。

路通了，沿线经济发展的步伐就快起来了！如今道路沿线树木葱茏、花草繁茂，被誉为“中国最美盘山公路”之一，深受自驾游爱好者的青睐。沿途的“农家乐”繁星点点，直接或间接地带动周边 9 个乡镇近 30 万群众的脱贫致富。

金寨县交通运输局的同志介绍说，2016 年至今，全县共建设乡村公路 2700 多千米，城乡客运一体化工程投入资金 2 亿多元，一些重点乡镇的沿途村组农户和城里人一样，可以乘坐公交车出行办事了，贫困群众的致富道路变宽了、变顺了，贫困乡村的脱贫基础夯实了、后劲增强了。

奔小康，先建房。花石乡大湾村陈泽平家，过去一年到头辛辛苦苦地忙个不停，也没什么收入。习近平总书记到他家视察之后，他家在全村第一个住上了小洋楼。村里第一书记、扶贫工作队队长余静介绍说，村里安置点的小洋楼设计方案就是根据陈泽平的家庭情况来确定的。他家两口人可以领到各种搬迁补助 10 多万元，除了付清购买小洋楼的钱款外，还有多余的钱款用来进行简单的装修。

2016年以来，为了破解县内深山区、库区一线“一方水土养不活一家人”的实际问题，金寨县把易地搬迁扶贫作为打赢脱贫攻坚战的“第一仗”“当头炮”，整合资源、叠加政策、强力推进，取得了较好的成效，全县共有7130户像陈泽平一样的贫困户实现了搬迁脱贫，超过省里下达计划537人。

## 二、头雁引领、技术支撑，扶贫济困先富脑

送钱送物，不如建一个好支部。金寨县委县政府十分明白这个道理，于是他们着力狠抓村级组织建设和致富带头人培育等牵动性的工作。突出“选”，切实解决“村干部能力不优”的问题。近几年，他们紧紧抓住村“两委”换届的契机，积极推进村党组织书记年轻化，将46名年轻后备干部、合作社负责人、扶贫专员选拔到村党组织书记的岗位上。突出“育”，切实解决“村干部本领不强”的问题。实施“头雁培育”工程，每年都将村党组织书记轮训一遍，同时分10多个批次组织他们到国家人社部、江苏华西村、本省凤阳小岗村等地开展党建、脱贫和农业农村知识培训，帮助他们拓宽视野、增强本领。突出“管”，切实解决“村干部激情不高”的问题。“开正门、堵偏门”，对村党组织书记既严格管理又关心爱护，千方百计激发他们的干事创业激情。实施“强基工程”，使村党组织书记月平均工资达到3400元以上，超全市平均水平。同时，严格村干部监督管理和考核，按照每人每月300元的标准设立并兑现廉政风险保证金。突出“用”，切实解决“村干部作用不好”的问题。将发展村级集体经济、壮大村级集体产业作为村党组织书记年度考核的重要内容，探索建立村集体经济发展新模式，2018年全县所有村均创集体收入10万元以上，40%的村集体收入达到20万元以上。积极探索“能人治村、能人兴村”新途径，努力形成“用一个能人、兴一个产业、带一方脱贫”的良好局面。

扶贫先扶志，帮困帮教育。几年来，金寨县定期开展县、乡（镇）“脱贫之星”“致富带头人”评选表彰活动，引导群众千方百计加快脱贫步伐。对那些等靠要思想严重的贫困户实施“改造提升工程”，采取领导干部联系帮扶责任制，点对点、面对面地开展教育引导活动，着力包帮，改造那些贫困户。

依托金寨技师学院、乡镇农业培训基地、村党群服务中心等县、乡、村三级一体化的培训体系，举办技能脱贫培训班55期，培训贫困劳动者2466人，拨付培训补贴195.34万元。全县累计创新开发公益性劳务岗位12546个，基本实现了贫困户“户均有一岗、脱贫奔小康”的目标。

## 三、金色为先、绿色为要、红色为本，多路并进增收入

几年前，在大湾村陈泽申家的小院里，习近平总书记指出，产业扶贫至关重要。几年来，金寨县紧紧抓住这个至关重要的“牛鼻子”，出台了一系列方针、政策，根据贫困户的致贫原因和生产现状，为贫困户量体裁衣、设计出多项脱贫“菜单”。

着力抓好金色产业增收入。在金寨县梅山镇徐冲村，有一道奇特亮丽的风景吸引南来北往人们的眼光：一排排依坡就势的光伏发电板整齐地排列在山坡上，在阳光的照耀下光芒四射、金光闪闪。这是金寨县在这里建设的全县最大的、容量为100兆瓦的集中式光伏扶贫电站，它是助力老区脱贫攻坚的“生力军”，人们把它称为“金色产业”。

金寨县从2014年初开始将光伏发电项目引入扶贫领域，经过“试点、推广、提升”三个阶段的实践与探索，初步形成了“分户式、联户式、村集体式、大规模联户式”四种光伏扶贫模式。目前，全县已建成光伏扶贫电站9075座、装机总量19.79万千瓦。光伏扶贫项目覆盖了全县所有行政村，受益贫困户年均收入达3000元以上，实现了建档立卡贫困户光伏扶贫的“全覆盖”，村集体经济收入的80%均来源于光伏产业。

大力发展绿色产业增收入。几年来，金寨县坚持把培育特色产业作为促进贫困群众稳定脱贫、持续增收的重中之重，按照“长短结合、以短为主、以长带短、以短促长”的发展思路，结合茶谷、药库、果岭及菜篮子工程，突出发展茶叶、中药材、生态养殖、蔬菜等主导产业。几年来，新建高标准油茶、山核桃、中药材设施大棚和露天蔬菜基地17万余亩，规模种植茶叶、有机稻、猕猴桃等基地23万亩，规模发展家畜家禽养殖业550万头（只），引导2.7万贫困户发展1—3项特色种养业。全县认定产业达标村66个，71个重点贫困村实现了扶贫示范基地的“全覆盖”。创新实施“一亩田园”工程，全县22098户贫困户年均增收2000元。

积极开发红色资源增收入。张传峰是金寨县汤家汇镇竹畈村人，2014年，因缺少劳动力，他家被评为贫困户。苍天不负有心人，经过几年的打拼和奋斗，2016年，张传峰家摘掉了贫困帽子。

2017年，汤家汇镇立足红色资源大镇的实际，将红色文化与乡村旅游结合起来，在镇内一条“红军街”的基础上创建“电商”特色小镇。张传峰抓住机遇，立即在“红军街”租了两间门面房，参加电商培训班后，开始试着通过“微商”来销售自己的农产品。在社会各界的帮助下，张传峰的电商业务越做越

好、越做越大，不久就在淘宝上开了网店，还和别人合伙成立了金寨县“香尖土特产公司”。

由此，张传峰不仅自己找到了一条稳定脱贫、走上富裕的路子，还从一个贫困户变为一个能够带动其他贫困户发展的“小能人”。他不仅卖自家的农产品，还帮助其他贫困户销售农产品。2018 年，张传峰自己做养殖和电商的销售收入就有 380 多万元。

张传峰仅仅是金寨人民脱贫致富的一个典型。他家的快速发展既是政策扶持、技术支持的结果，也是自食其力、奋发向上、顽强拼搏的典型，更是依托红色资源、发展旅游三产的真人实例。

近年来，以汤家汇镇为代表的各有关乡镇，充分挖掘当地红色资源、着力打造红色品牌，积极支持和鼓励景区、旅游区、公路沿线的贫困群众通过发展红色旅游和“农家乐”来增加现金收入、实现脱贫致富。

数据显示，2018 年，全县的红色旅游接待游客 400. 49 万人次，创综合收入 12. 67 亿元，全县有 20 万人分享了红色旅游带来的增收果实。

## 四、建立长效机制、出台兜底措施，筑牢脱贫“保障网”

建立长效扶贫机制。几年来，金寨县按照习近平总书记在大湾村提出的要求，一步一步地探索建立、逐步完善长效扶贫机制。主要包括五个方面：一是开展农村集体产权制度改革，实行农村“三变”改革，增加贫困群众的财产性收入。二是建立就业奖补机制，激发贫困劳动者就业，加强就业培训，提高就业帮扶率；创新开发居家就业岗位和公益性劳务岗位，让广大贫困户都能做到“户有一岗”，实现就业脱贫。三是健全金融脱贫机制，通过小额直贷扶持 14219 户贫困户发展光伏和特色种养业，2351 户贫困户通过“户贷企用”每户分红受益 2400 元左右。四是健全完善社会帮扶机制。五是建立县域结对帮扶机制。

完善扶贫兜底措施。几年来，金寨县牢记习近平总书记在大湾村提出的希望，坚持在攻坚克难中强化兜底保障。如今，金寨县全面实施了健康脱贫工程。目前，每一个贫困群众都有健康档案、健康卡，县域范围内就诊可以先看病、后付费，兜底扶贫实现了健康、教育、住房脱贫三个方面的“全覆盖”。

## 五、单位帮扶到村、干部结对到户，万众一心齐攻坚

几年来，围绕脱贫攻坚这条主线，金寨县各级党委政府，各类单位和企业以及全体干部职工都在积极主动作为，万众一心攻坚。建立实施了“单位包到村，

干部包到户”的包脱贫攻坚包保责任制，所有行政村均有省、市、县、乡四级单位包保负责，所有贫困户均有干部帮扶结对。据统计，全县共有 13061 名干部参与这项伟大的脱贫工程，他们平均每月至少进村入户 1 次，帮助结对户学政策、学技术，选项目、筹资金，跑销售、拿订单，包增收、包脱贫。

与县内帮扶工作紧密配合、遥相呼应的是，从中央到地方，很多单位、很多个人都加入了金寨脱贫攻坚队伍，上下一心、万众一心、同心协力、众志成城的决战态势一直在不断地升温。据统计，2017 年以来，国家人社部，省、市、县各级共 164 家单位通过对金寨县实行定点帮扶，投入帮扶资金近 3 亿元。

经过几年的努力，习近平总书记视察过的贫困户陈泽申高兴地告诉人们，他家 2015 年的收入不到 3000 元，2018 年已经达到了 4 万元。总书记视察过的花石乡大湾村发生了翻天覆地的变化，到 2018 年底，全村已实现了“户脱贫、村出列”的既定目标。

事实上，大湾村的变化只是金寨县脱贫攻坚工作的一个缩影。到 2018 年底，全县贫困人口已经减少到 8348 户、16114 人，未出列村只剩下 4 个，贫困发生率下降为 2.7%。2019 年，金寨县牢记总书记的殷切嘱托，咬定“高质量摘帽”目标不放松，不折不扣贯彻落实中央和省、市脱贫攻坚各项决策部署，深入抓好中央脱贫攻坚专项巡视和各级督查暗访反馈问题整改，全年又有 6873 户、13705 人实现了脱贫目标，全县贫困发生率降至 0.31%。

至此，金寨这个著名的“将军县”，在与贫困作战、向着小康奋进的新征程中，交出了一份出色的答卷，迈出了具有历史意义的一步。

（作者：胡遵远、李雨迪，原载《铁军》2020 年第 7 期）

# 让村干部成为脱贫致富的“领头雁”

2018年，安徽省六安市政协将“如何加强村干部队伍建设、充分发挥脱贫致富带头作用”确定为对口协商的重要课题，深入到安徽省金寨县桃岭乡、双河镇开展了调研。调研组参观了双河镇大畈村高山有机香稻种植专业合作社。这个合作社是由该村党支部书记叶乃权和几位农民在2009年共同发起组建的，现有会员270余户，其中本村会员100余户、贫困户30户，拥有种植基地900余亩、年产值260万元，带动贫困户年均增收3000元左右，已经成为省级农民专业合作社示范社。据介绍，该村有兴欣生猪养殖专业合作社等5家合作社。这些专业合作社对调整产业结构、促进农民增收、加快脱贫致富步伐起到了积极的促进作用。

调研组了解到，近年来，六安市及金寨县为充分发挥村干部在脱贫致富中的积极作用，加强了村干部队伍建设，如择优选拔、配齐配强村级领导班子；通过培训增强村干部脱贫致富能力；明确脱贫致富责任、完善考核激励机制、从严监管；建立工资稳步增长机制、拓宽村干部晋升渠道等。不过，村干部队伍建设还存在一些不足：在选人用人上，对村干部人选的致富能力和水平、实绩和潜力，考虑得不多、要求得不严，把关不够；在工作中，对村干部的带头作用发挥得如何、效果怎样，没有摆上重要议事日程；考核不够严、结果不够实。

调研组建议：一是设置硬性规定，防止“先天不足”。在选拔任用上，要将村干部人选的脱贫致富能力作为一项重要条件列入其中，在学历层次、家庭收入、个人德行等方面设置一些硬性规定，达不到条件的，不准推荐为村干部人选。二是突出技能培训，增强致富本领。进一步加大村干部培训力度，尤其要加强农村实用技术、产业发展及新型知识和技能培训，切实提高他们的工作能力和带动村民脱贫致富的能力。三是严明纪律责任，严格考核评价。把村干部的“自身致富、带头致富、共同致富”作为各级党委、政府抓落实、抓督查的一项主要内容，建立激励约束机制、严明工作纪律责任，让广大村干部成为脱贫攻坚战场上的“领头雁”。建立科学合理、公正客观的考核体系，把村干部在脱贫致富中带头作用发挥得如何作为考核的重要内容之一，对排名靠后或达不到相关硬性规定的，实行一票否决。四是出台优惠政策，鼓励村干部干事创业。研究制定一些有含金量、有可操作性的政策，鼓励和帮助村干部创业发展、兴办企业，特别是要引导和支持村干部走上“创办新型农村经济组织、带动贫困群众脱贫致富”的新路，切实帮助他们增强带头作用、引领作用。

（作者：胡遵远，原载《人民政协报》2018 年 5 月 21 日）

# 革命老区要千方百计帮助农民增收

突如其来的新冠肺炎疫情，好像凶恶的“拦路虎”阻挡着那些刚刚摘下贫困帽子的农民的致富步伐。如何千方百计地帮助革命老区农民增加收入是巩固脱贫攻坚成果的核心和关键。笔者建议：

一是发展产业增收入。主动抢抓国家近期出台的有利政策，争取项目和资金；统筹安排和部署交通、水利、环保、文化、教育、扶贫等各类能够自主的项目和资金，加快启动一批带动能力强、用工人数多的大项目，为农民群众提供务工就业机会；引导农民依托资源、因地制宜地发展粮食、油料等传统项目，利用家庭承包的耕地、山场、稻田、池塘等有效资源，大力发展适应自己家庭的种养项目、加工项目，如天麻、灵芝、中药材等，做到“以地生财、以水生金”。

二是输出劳务增收入。通过采取政策引导、激励鼓励、督查调度等手段，充分调动各级党群机关、政府部门和各类社会团体继续做好帮扶工作的责任感、紧迫感，积极主动地帮农民当参谋、做“红娘”，为群众畅通劳务输出渠道、落实务工岗位。

三是创新发展增收入。笔者所在的大别山区，平均每个县都有几十万亩甚至几百万亩山场，但实际开发利用的程度都不高，有的地方虽然有十分丰富的水源，可惜是一直处于“原生态”状态。保护青山绿水当然重要，但有序有效地开发利用更为重要！要从长计议、加快行动，切实帮助农民从各类资源开发利用中得到收益。

四是灵活方式增收入。近日，一些地方的政府官员纷纷通过“抖音”、电商、推介会、促销会等多种媒介帮助农民推销农产品，这是一种好现象、好势头！开拓市场、搞好销路的方式方法很多，比如：鼓励和引导消费者优先购买本地优质农产品，帮助农民发展订单农业、网上销售，建立健全特色农产品统一收购、统一销售的网络体系，建立“网红基地”，做大品牌、扩大影响，与大中城市建立直销关系、“送货上门”等都可以做些尝试。

五是强化服务增收入。切实帮助农民解决项目、资金、技术、市场等一些实实在在的困难，让他们有项目可上、有资金可投、有技术保证、有市场销售，确保做一事、成一事，干一项、成一项。

六是落实政策增收入。要全面落实各项倾斜扶持政策，扎实做好兜底扶贫、民政救助、残疾人补助等各项惠民工作。对少数未脱贫的贫困户，要认真分析致贫原因、逐户制订脱贫计划，综合施策、多措并举。

（作者：胡遵远，原载《人民政协报》2020 年 4 月 13 日）

# 着眼基层实际　做好两大战略衔接

当前正处于脱贫攻坚与乡村振兴统筹衔接的历史交汇期，做好二者的有机衔接和协同推进，既有利于巩固脱贫攻坚成果、培育长效脱贫机制，又有利于促进农业农村优先发展、推动乡村全面振兴。农村基层党组织是决胜“最后一公里”的关键，在落实党的路线方针政策、农村开展各项工作等方面起着重要作用，让两大战略有机地衔接、融合起来，要努力为基层送去“锦囊妙计”。

加强教育引导，给基层送去“清醒剂”。要坚决防止小富即满、小富即安的问题发生。少数人对脱贫攻坚与乡村振兴二者的内在逻辑和有机衔接认识不到位，认为脱贫“摘帽”了就可以“松气歇脚”了、“到站下车”了，没有从“三农”工作的全局去把握二者的目标一致性和工作连续性。要教育和引导干部群众清醒地认识到：脱贫摘帽不是终点，而是新生活、新奋斗的起点。贫困县摘帽后，千万不能马上撤摊子、甩包袱、歇歇脚，要继续完成剩余贫困人口的脱贫问题；要针对主要矛盾的变化、及时调整工作思路，推动减贫战略和工作体系的平稳转型；要在确保如期打赢脱贫攻坚战的基础上，接续推进脱贫攻坚与乡村振兴的有机衔接。

广泛进行宣传，为基层送去“兴奋剂”。要全面总结本地本单位在脱贫攻坚工作中涌现出来的先进典型和成功经验，让大家从成功的实践中汲取有益的营养，充分认识到要把脱贫攻坚与乡村振兴的接力棒交接好、确保平稳过渡，要继续按照“产业兴旺、生态宜居、乡风文明、治理有效、生活富裕”的总要求，借鉴脱贫攻坚的成功经验、建立健全支持乡村振兴的政策体系，要大家能够团结一心、迎难而上、真抓实干、尽锐出战、精准施策，各地才会走向全面振兴、实现共同富裕。

出台真招实举，为基层送去“黏合剂”。要根据中央和上级的一些新政策、新规定、新形势、新要求，抓紧调整和完善乡村振兴工作的各项规划和具体措施；加快研究、积极探索做好机制、规划、政策、产业衔接的有效之举，通过乡村振兴巩固脱贫成果、提高脱贫质量，真正让农业成为有奔头的产业、农民成为有吸引力的职业、农村成为安居乐业的美好家园。一要认真做好机制衔接工作。要借鉴脱贫攻坚形成的领导体制和工作机制，建立健全责任体系、监督体系、考核评估体系在内的制度体系。要建立防范返贫和新生贫困、解决次生贫困和相对贫困的巩固脱贫成果的长效工作机制。要严格落实“四个不摘”的具体要求，着力抓好基本产业、基础设施、基本公共服务、基本技能培训、基层组织建设。要建立统筹协调机制，统筹推进规划编制、政策制定、项目实施等重要事项，提高财政、土地、科技、人才、金融等工作协同性，构筑城乡要素双向流动的体制机制。二要认真做好规划衔接工作。要编制清晰明确、符合地方实际的短期过渡计划，将脱贫后待完成的任务、工程、项目等纳入乡村振兴战略规划或实施方案，强化接续支持，发挥长效作用。衔接好各专项和行业规划，通盘考虑土地利用、产业发展、居民点建设、人居环境整治、生态保护和历史文化传承，注重保持乡土风貌，编制县域乡村振兴规划，切实形成城乡融合、区域一体、多规合一的规划体系。三要认真做好政策衔接工作。加强乡村振兴、脱贫攻坚和农村综合改革的政策统筹，分类确定需要取消的、接续的、完善的政策，研究现行倾斜性支持政策的延续时限与脱钩方法，注重总结梳理脱贫攻坚中成熟的实践经验。转变政策供给方式，促进相关政策向常规性、普惠性和长效性转变，强化脱贫攻坚政策与农村社会保障政策的衔接，均衡发展农村基础设施和教育、医疗等公共服务，强化土地、产业、金融等政策供给，促进城乡要素双向流动，推动城乡融合发展。四要认真做好发展衔接工作。将产业发展的重心迅速转向县域主导产业和优势产业的培育和发展上来，推动一、二、三产业融合发展，延长农业产业链、价值链，强化就业技能培训和就业扶持力度，创新农户与新型经营主体的利益联结机制。通过“内育”与“外引”相结合，积极培养乡土人才，引进懂科技、懂管理、懂市场、懂法律的现代化人才，为乡村振兴战略提供坚实的人才支撑和智力保障。

做好红色文章，为基层送去锦囊妙计和“千方百计”。丰富的红色文化资源是许多革命老区所特有的一种资源，不仅具有历史价值、社会价值，也具有现实价值、经济价值。要教育和引导干部群众采取渗透式、注入式、熏陶式、融合式、引领式、创新式等灵活多样的方式方法，认真做好红色基因传承工作，让其渗进血液、浸入心扉，充分发挥它的历史印证、文明传承、政治教育、经济开发等方面的独特价值功能，确保沿着革命前辈的足迹继续前行，把红色基因世世代代传下去。

制定治本之策，为基层送去“定心丸”“稳压器”“加速器”。乡村振兴与脱贫攻坚之间具有基本目标的统一性和战略举措的互补性。在脱贫攻坚的基础上接续实施乡村振兴战略，不仅是我国高质量稳定脱贫的重要路径，更是贫困地区全面实现乡村振兴目标的重要保障。在脱贫攻坚收官之际和乡村振兴两大战略任务接续的关键时期，不仅要求支持政策不变或支持力度不减，还须加快完成从应急性政策取向向长期性政策设计的重大转变，必须通过政策内容和实施方式的合理调整来实现脱贫攻坚和乡村振兴两大战略的有效衔接。要做到精准和普惠并重，将“精准式”济困帮扶与“普惠式”共享发展有机地结合起来；要积极构建可持续发展的长效机制，高质量地提升优势特色产业，有效地改善生产性基础设施条件，进一步强化产业发展的合作机制，注重推动全产业链的延伸；要积极探索绿色发展新路，尽快地让绿水青山变为金山银山。

（作者：胡遵远，原载《农民日报》2020年12月5日）

# 想良策妙计、施千方百计
## ——金寨县改革开放40年，脱贫摘帽50万人

安徽省金寨县是中国革命的重要策源地、人民军队的重要发源地，是中国工农红军第一县、全国第二大将军县，是全国著名的革命老区。金寨县位于大别山腹地，自然环境比较恶劣、基础设施建设比较落后，加之战争创伤重、两库（梅山、响洪甸两大水库）制约多，长期以来，一直在国家重点贫困县的行列徘徊。1978 年，全县共有贫困人口 54 万人。改革开放以来，金寨县始终把脱贫攻坚作为最大的政治、最大的责任，以最坚定的信心、用最有力的措施，倾力实施脱贫攻坚计划、全力推进精准扶贫工程，到 2017 年底，全县还剩贫困人口 4 万人。改革开放 40 年，金寨脱贫摘帽 50 万人。

从改革开放初期的 1978 年到 1993 年，这 15 年可以说是金寨县扶贫开发工作的第一个阶段，也可称之为“救济式扶贫阶段”。1985 年底，全县贫困人口由 1978 年的 54 万人下降到 48.03 万人。1986 年，金寨县被国务院确定为全国 331 个国家重点贫困县之后，在资金、物资、技术等方面得到了重点扶持。在这 15 年中，金寨县的扶贫开发工作主要是“突出一个中心（脱贫致富），抓住两个重点（承包经营和主体经济）”。组织实施干部驻村扶贫和“119”科技扶贫工程。

从 1994 年到 2013 年，这 20 年，可以说是金寨县扶贫开发工作的第二个阶段，也可称之为“开发式扶贫阶段”。其中，从 1994 年到 2000 年，是全国统一实施“八七脱贫攻坚计划”的 7 年。到 2000 年底，全县贫困人口为 12 万人；2002 年，金寨县再次被确定为“国家扶贫开发工作重点县”。到 2013 年底，全县贫困人口为 13 万人。

在这 20 年间，金寨县重点采取以下几种方式推进扶贫开发工作：积极开展农业实用技术培训，大力推进“451”渔业科技、劳务输出、异地移民、整村推进、干部帮扶、以工代赈和社会扶贫等工程。

党的十八大以后，2014 年春，中共中央办公厅、国务院办公厅印发了《关于创新机制扎实推进农村扶贫开发的意见》，以此为标志，金寨县的扶贫开发工

作同全国一样，进入了第三个阶段，也可称之为“精准式扶贫阶段”。

五年来，金寨县集全县之智、聚全县之力，想良策妙计、施千方百计，全力打好脱贫攻坚战。到 2017 年底，全县贫困人口由 2013 年底的 13 万人减少到 4 万人。4 年间，金寨人民又攻下了一批难攻的“堡垒”，啃掉了一堆难啃的“硬骨头”。

## 一、厘清工作思路、吹响攻坚号角

面对新形势、新要求、新任务，金寨县决心以脱贫攻坚统揽经济社会发展全局，把精准扶贫、精准脱贫作为基本方略，坚持扶贫开发与经济发展相互促进、扶贫开发与生态保护并重齐抓、精准扶贫与社会保障有效衔接，全力实施“3115”脱贫计划。

“3115”脱贫计划中，“3”是指实现“人脱贫、村出列、县摘帽”3 个脱贫攻坚目标；“11”是指实施精准脱贫 10 大举措和推进脱贫攻坚 10 大工程；“5”是指强化 5 项保障措施。具体来说，10 大举措是指特色农业脱贫、光伏发电脱贫、发展旅游脱贫、易地搬迁脱贫、电子商务脱贫、务工就业脱贫、教育脱贫、健康脱贫、生态环保脱贫、社保兜底脱贫。10 大工程是指农村道路畅通工程、水利建设工程、农村电网改造升级工程、危房改造和人居环境提升工程、村集体经济增收工程、农村信息化建设工程、乡风文明提升工程、强基固本工程、金融扶贫工程、社会帮扶工程。5 项保障措施是指强化工作责任、强化任务落实、强化资金和项目监管、强化改革支撑和考核奖惩。

按照这个思路，2014—2015 年，金寨县着重狠抓了五个方面的工作。

一是以“两轮”驱动脱贫。坚持做到“功夫用在扶贫中，理念根植扶贫外，跳出扶贫抓扶贫”，把工业化、城镇化的“两轮”驱动作为脱贫攻坚的根本路径来抓。特别是结合农村宅基地制度改革、移民避险解困、生态移民、危旧房改造等项目，编制行政村村庄布点规划，制定易地扶贫搬迁优惠政策，根据贫困户意愿和家庭状况，引导他们向县城、集镇和中心村庄搬迁安置。

二是以创新引领脱贫。重点是实施光伏扶贫。为解决“失能”“弱能”贫困户脱贫问题。2014 年以来，金寨县采取“3 个 1/3”的筹资办法，为近万户贫困户每户安装一个 3 千瓦、年收入 3000 元的光伏电站。2015 年，金寨改进光伏扶贫模式，将分户电站改为集成式电站，虚拟到户，实现发电收益的精准、动态、可调整。为解决贫困村集体经济薄弱问题，金寨县在 218 个村成立 218 个集体经济创福公司，每个村安装一座 60 千瓦的光伏电站，村集体年增收 6 万元以上。实施产业扶贫。建立紧密连接的产业扶贫机制，通过扶持龙头企业、合作社等新型经营主体，安排就业，通过经营收益分红、反租倒包经营、产品合作共赢等方式带动贫困户增收。实施培训扶贫。依托金寨职业学校，整合培训资源，开展“1+1+1”培训，以培训促就业、以就业促脱贫。

三是以金融支持脱贫。结合农村金融综合改革，实现基础金融服务村级全覆盖，农户可以“申请贷款不出户、存取现金不出村、汇款业务不出乡”。大力实施“免担保、免抵押”，积极创新扶贫小额信贷，完成贫困户评级授信工作。同时，针对有劳动力、有创业潜力的贫困户实行直贷到户，积极支持贫困户发展增收项目、实现创业脱贫。

四是以旅游拉动脱贫。提升大景区带动脱贫。以创建国家级全域旅游示范区为目标，大力促进景区景点品位大提升。2015 年接待游客 654 万人次，创综合收入 26.2 亿元，全县近 20 万人参与旅游三产经营服务，分享旅游“红利”。发展乡村旅游推动脱贫。结合美丽乡村建设，打造各具特色的乡村旅游示范点，建成吴家店华润希望小镇、麻埠桂花村等 32 个“袖珍型”精品村庄，小南京等乡村旅游扶贫示范区成功创建为 4A 级景区，脱贫效果十分明显。探索“旅游+”融合发展提升脱贫。推进“旅游+”红色文化、休闲体育、长寿产业、特色产业、茶文化等产业融合发展新模式。2015 年六安茶谷游客增加 10 万人次以上，带动 300 户 900 余人脱贫。推行农家小院“1+N”模式精准脱贫。县财政每年安排 200 万元奖补资金，支持旅游区沿线发展农家小院、原生态体验、观光采摘、垂钓休闲、养生度假等乡村旅游。全县授牌 233 家农家小院，推行“1+N”扶贫模式，每个农家小院带动 3—5 家贫困户增收，每年带动 1000 户以上贫困户实现脱贫。

五是以“兜底”保障脱贫。在落实低保、合作医疗、农房保险、大病救助、产业保险等各项扶农惠农政策的基础上，通过整合社会救助资金、保障资金，为农村五保户、重度残疾人、计生优待家庭等困难群体代缴参合参保费。每年拿出 500 万元资金，建立特困救助基金，开展“兜底”保障，及时解决特困群众的基本生活困难，为贫困群众筑起“最后一道保障网”。仅 2014 年、2015 年就为全县 18.6 万重病、重灾、低保、五保等特殊困难人群提供了救助，发放救助资金 1.92 亿元。

## 二、选准突破口、打赢第一仗

2016 年，是全面实施精准扶贫工作的第一年。金寨县把易地扶贫搬迁作为开局之年的突破口，实行资源整合、政策叠加、统筹调度、强力推进，全年共完成易地扶贫搬迁 5308 人。一是广泛动员引导搬，二是叠加政策鼓励搬，三是统筹调度督促搬，四是完善配套吸引搬。2016 年，在易地扶贫搬迁工作的带动下，金寨县的脱贫攻坚工作实现了首战告捷，全县 4729 户 18288 人，如期实现了脱贫摘帽。

## 三、始终抓住关键环节、全面落实攻坚之举

2017 年，金寨县紧紧围绕村出列、户脱贫的目标，硬化举措、加大力度，坚持综合施策、补齐增收短板，脱贫攻坚工作取得了显著成效，全县 17 个贫困村实现出列目标、8008 户 27526 人实现脱贫摘帽。一方面，把握精准要义、抓住关键环节，严格坚持“扶持谁”的标准、不断夯实“谁来扶”的责任、认真制定“怎么扶”的措施、严格执行“如何退”的程序。另一方面，聚焦攻坚重点，落实攻坚之举，强力推进产业脱贫、就业脱贫、搬迁脱贫、金融脱贫、健康脱贫、教育脱贫、旅游和电商脱贫、兜底脱贫、社会脱贫、精神脱贫。与此同时，紧密结合县情实际，积极探索扶贫新举措。一是积极探索整合扶贫资金的新机制，二是探索开发就业增收新岗位，三是叠加使用改革政策，四深化细化帮扶责任。

## 四、坚持面向未来、大胆改革创新

2018 年，金寨县按照习近平总书记关于脱贫攻坚工作要“更多地关注 2020 之后”的要求，着力处理好当前和今后、突击和长效、主体和客体、重点和难点、自力更生和对上争取、尽力而为和量力而行、脱贫攻坚和乡村振兴的关系，强力推进精准脱贫的新一轮“十个一”工程，即：每一个贫困户都要发展“一亩田园”、开发“一个岗位”、管好“一座电站”、共享“一股红利”、开展“一项培训”、用好“一笔资金”、投放“一单保险”、提供“一份健康”、保障“一路畅通”、弘扬“一种精神”。

回顾改革开放 40 年的光辉历程、总结实施精准扶贫、精准脱贫以来的各项工作，金寨人可以十分欣慰地说：我们做实了基础工作、实施了增收工程、建立了保障体系、构筑了责任机制，全县的脱贫攻坚工作取得了实实在在的成效。

第一，做实做细精准脱贫的“四大”基础工作。一是坚持做到贫困对象精准识别到位；二是坚持做到帮扶工作精准帮扶到位；三是坚持做到因户施策精准实施到位；四是坚持做到边缘户精准管控到位。

第二，强力实施了精准脱贫的“六大”增收工程。一是特色产业脱贫增收工程；二是就业脱贫增收工程；三是金融脱贫增收工程；四是光伏脱贫增收工

程；五是实施旅游、电商带动脱贫增收工程；六是实施社会脱贫攻坚增收工程。

第三，建立健全了精准脱贫的“六大”保障体系。即：筑牢住房保障、健康保障、教育保障、社保兜底保障、基础设施保障、精神保障六大保障体系。

第四，精心构筑了精准脱贫的“四大”责任机制。即：县领导督促调度、乡镇部门督查调度、帮扶干部责任帮扶、驻村干部管理等责任机制。

回顾改革开放40年的光辉历程、总结脱贫攻坚时期的各项工作，金寨人更深深地感受到：做好扶贫开发、精准脱贫这项伟大的德政工程、民心工程。第一，要有一种高度的政治责任感和历史使命感，要有一种“金寨脱贫、舍我其谁”的坚定信心和决心，始终把扶贫攻坚的责任和精准扶贫的措施扛在肩上、抓在手上、落实在具体行动上。第二，要有一种勇于改革、开拓创新的拼搏精神，要根据时间的推移、环境的变化，及时调整工作思路、不断创新扶贫措施，用改革的力量，打破贫困的坚冰、用创新的手段破解攻坚的难题。第三，要大力弘扬心无旁骛、踏实苦干的光荣传统，沉下身子干、带着群众干，撸起袖子干、甩开膀子干，苦干实干加巧干、干出一片艳阳天！第四，要想方设法调动广大贫困群众脱贫攻坚的积极性、主动性，进一步激发他们脱贫致富的内生动力。第五，要千方百计凝聚社会方方面面做好脱贫攻坚工作的强大合力，着力营造“人人关心扶贫、个个支持脱贫、全县合力攻坚”的浓厚氛围，确保剩下的4万贫困人口如期实现脱贫目标，确保68万金寨老区群众与全国人民一道、同步迈入小康社会。

（作者：胡遵远、陈静，原载《党政周刊》2019年第3期）

# 将军县脱贫攻坚工作的“大回放”

金寨是中国革命的重要策源地、人民军队的重要发源地，地处大别山腹地，鄂、豫、皖三省结合部，总面积3814平方千米，辖23个乡镇、1个经济开发区，229个行政村（社区），总人口68万，是安徽省面积最大、山库区人口最多的一个县。2014年，全县农村建档立卡贫困户4万户、13万人，贫困发生率22.1%。

几年来，金寨县坚持以脱贫攻坚统揽经济社会发展全局，始终把脱贫攻坚作为最大的政治、最大的任务、最大的责任。特别是2016年4月24日，习近平总书记亲临金寨县视察并发表重要讲话、作出重要指示后，全县上下牢记嘱托、砥砺奋进，齐心协力攻坚，以“两不愁、三保障”为核心，实施了一系列强而有力、富有成效的攻坚举措。经过努力，71个贫困村全部出列，39344户129789人全部脱贫，全面完成脱贫减贫任务，贫困发生率降为零。2020年4月，通过严格履行贫困县退出程序，由省政府宣布金寨县退出贫困县序列，实现高质量“摘帽”。

金寨在历年来省脱贫攻坚成效考核中成绩优异，2016—2019年连续四年被评为“好”的等次。2018年荣获“全国脱贫攻坚奖组织创新奖”，2018年3月全省扶贫小额信贷工作现场会在金寨召开，2018年7月全国村级光伏扶贫电站建设和管理工作现场会在金寨召开。2020年，金寨县以县级城市组全国第二名、安徽省第一名的成绩成功争创第六届全国文明城市，是前二十名中唯一一个国家贫困县。先后成功创建了国家卫生、园林县城，获得第二届中国“长寿之乡”“中国天然氧吧”等20多项国家级荣誉，实现了物质和精神的“双脱贫”。

## 一、脱贫攻坚工作的主要成效

脱贫攻坚战打响以来，金寨县深入学习贯彻习近平总书记关于扶贫工作的重要论述，认真落实党中央、国务院及省委、省政府关于脱贫攻坚的决策部署，狠抓责任、政策、工作“三落实”，顺利实现了贫困县摘帽、贫困村全部出列、贫困人口全部脱贫，高质量完成了全面脱贫任务，区域性整体贫困问题得到根本解决，脱贫攻坚取得了显著成效。

**（一）贫困群众民生保障水平大幅提升，基础更加稳固**

始终紧盯“两不愁、三保障”这个核心指标，创新举措统筹推进易地扶贫搬迁，全面解决贫困群众住房安全问题；率先开展全民健康体检、实施“1579”补充医疗保险政策，因病致贫返贫风险得到有效控制；加大教育投入，加强控辍保学，建设智慧学校，切实阻断贫困代际传递。

（1）住房安全全面实现。结合农村宅基地改革、库区移民搬迁、美丽乡村建设，统筹推进易地扶贫搬迁，共建设安置点 303 个，搬迁贫困人口 7384 户 26102 人，随迁近 50000 人。为解决贫困户搬迁的后顾之忧，加大易地扶贫搬迁后续帮扶力度，先后投入资金 8.8 亿余元，持续加大基础设施和公共服务配套设施建设，采取多种措施推动安置点搬迁户发展产业和就近就业，优先扶持贫困户发展特色产业项目、优先安排贫困户从事村级公益性劳务，确保搬迁贫困户有收入、稳得住、能致富。加大危房改造力度，共改造农村危房 18515 户，全面消除了贫困户 C、D 类危房。

（2）健康服务全面保障。落实贫困人口全员参保，对特困供养户实行全额代缴，对其他贫困户参保按照定额补贴的方式（2020 年参保贫困户自己交 30 元、政府补贴 250 元）。严格落实“351”和“180”健康脱贫政策，积极推进贫困人口住院就医“先诊疗后付费”和“一站式”结算服务，全力推进贫困人口健康档案电子化管理，坚持实施家庭医生免费签约履约服务。组织开展对所有患有疑似慢性病人员和残疾人进行摸底工作，持有慢性病症的建档立卡贫困人口 27825 人，持有残疾证的建档立卡贫困人口 11018 人，实现了应办尽办。全面实施“1579”医疗补充商业保险政策，提高了非贫困户满意度。县财政预算 1.25 亿元，按照 155 元/人的标准在全省率先开展城乡居民免费健康体检，通过“早发现、早诊断、早治疗”，筛查重大疾病，做到“未病先防、小病先治”，降低因病致贫风险。投入 7.1 亿元在新城区建设了县人民医院新区，投入财政资金 4.01 亿元改善了乡镇卫生院和村卫生室（站）医疗设施和环境，提升了基层医疗服务能力。

（3）教育发展全面均衡。全面落实教育扶贫政策，做到教育脱贫政策应享尽享。累计发放各类教育资助资金 12312 万余元，资助建档立卡贫困家庭学生 123496 人次。完成“雨露计划”职业教育扶贫助学补助 25681 人次，补助金额 4201.2 万元。为建档立卡贫困家庭大学生申请生源地信用助学贷款 11293 人次 9089 万元。2020 年对新入学的本科生、大专生分别给予 8000 元、4000 元“深贫保”资助，累计资助金额 492.8 万元。五年来累计投入约 9.1 亿元，实施了义务教育薄弱学校改造、义务教育学校校舍维修改造、学前教育促进工程、改善普通高中办学条件等建设项目共计 670 多个。投资 1.14 亿元，实施了“在线课堂+智慧课堂”升级工程，实现了教学点智慧课堂全覆盖，让山里孩子不出校门便接受到优质教育资源，实现了“让每个孩子都能享受公平而有质量的教育”。

（4）社保兜底全面筑牢。持续完善农村低保、特困人员供养、临时救助等保障性扶贫措施，完成全县 24 所敬老院适老化改造工程，切实提升特困人员供养保障水平。实施孤儿自愿免费集中就学民生工程，建立正科级以上领导干部与孤儿结对帮扶制度，全面落实孤儿基本生活保障。全面落实残疾人扶助政策，残疾人生活补贴和护理补贴发放全覆盖。目前全县在册农村低保户 25103 人，其中建档立卡贫困人口有 20712 人，占比 82.5%。累计发放农村低保金 51750.3 万元；特困人员供养金 21803.8 万元、特困人员护理补贴 545.1 万元；孤儿基本生活保障金 744.8 万元；重度残疾人护理补贴 4052.4 万元、困难残疾人生活补贴 3596.1 万元；临时救助 2840.9 万元、特困救助 839.04 万元。全力推进社保扶贫，为 35993 名符合条件的建档立卡贫困人口按相关政策代缴城乡居民基本养老保险费，社会兜底保障网更加密实。

**（二）贫困家庭综合收入大幅提升，生活更加幸福**

坚持将发展产业、促进就业作为增加贫困群众收入的攻坚重点，依托资源禀赋大力发展特色产业，深入实施“四带一自”产业扶贫模式，大力推进“四帮四促”“三业一岗”就业扶贫模式，不断发挥旅游电商带贫减贫作用，贫困群众收入持续稳定提高，造血能力不断增强。2014—2020 年，全县贫困人口年人均纯收入从 2537 元上升至 1.5 万元，人均增幅 491%，贫困群众获得感显著增强。

（1）特色产业全面壮大。坚持产业扶贫到村、到户、到人、到产业，引导贫困群众大力发展茶叶、中药材、果蔬等特色种养业。累计建成茶园 22 万亩、油茶 22 万亩、中药材 16 万亩、山核桃 12 万亩、板栗 30 万亩、蔬菜 16 万亩、猕猴桃 3 万亩、高山有机稻 2 万亩。扎实推进农村产业发展带头人培育试点，认定乡村两级产业发展带头人 375 人。深化“四带一自”产业扶贫，共发展省市两级农业产业化龙头企业 67 家、联合体 16 家，农产品规模以上工业加工企业 33 家，农民合作社 2970 家，家庭农场 4221 家。认定扶贫基地 107 处，参与带贫主体 682 家，带动 10887 户，贫困户户均年增收 3000 元以上。累计发放产业奖补资金 9.1 万余户 2.3 亿余元，激发了贫困户发展的内生动力。为全县 27903 户贫困户和 154 户边缘户购买“深贫保”综合保险，确保脱贫户不返贫、边缘户不致贫。持续加大扶贫小额贷款对产业发展支持力度，对有意愿且符合条件的贫困户实现应贷尽贷，户贷率 70%以上，累计发放贷款 6 亿余元，扶持 2.7 万余户贫困户发展光伏、10 余项特色种养业脱贫致富。

（2）就业渠道全面拓展。按照“乡村摸底、人社搭桥、园区就业、职校培训”的思路，依托金寨技师学院、乡镇农业培训基地、村党群服务中心，建立县乡村三级一体化培训体系，现已培训贫困劳动者 11464 人，累计拨付补贴资金 868 万元。全面落实就业奖补政策，累计发放县内外各类就业奖补 9.1 万人次、3900 多万元。开发光伏电站管护员、生态护林员、保洁员等 11 类村级公益性劳务岗位 14241 个，实现户年均增收 6000 元左右。建设就业扶贫驿站 11 家，认定就业扶贫车间 13 家，就业扶贫基地 34 家，吸纳贫困劳动者就近就地就业 2 万多人。大力开展贫困劳动者精准对接活动，先后组织承办“贫困劳动者招聘日”等各类专场就业帮扶活动 210 场次，提供就业岗位 7.2 万余个，帮助贫困劳动者 13210 人转移就业。

（3）光伏扶贫全面提升。累计投入 14.78 亿元建成并网光伏扶贫电站 20.11 万千瓦，已实现综合收益 5.6 亿元。2.4 万余户贫困户享受不低于 3000 元的年收益分红或发电收入，有力地助推了贫困户稳定脱贫步伐。委托县供电公司专门成立光伏运维中心，组建光伏运维团队，确保光伏发电持久稳定收益。同时，大力发展光伏板下经济，266 个光伏电站利用板下 500 亩土地发展土鸡、白鹅等养殖业，发展灵芝、中药材、苗木、茶叶等种植业 1800 亩，初步形成了“光伏+种植”“光伏+养殖”等农光互补产业模式，进一步拓宽了贫困户增收渠道。

（4）旅游电商全面发展。探索推行旅游企业“1+N”结对扶贫模式，按照“能种则种、能养则养、能务工则务工”的原则，由贫困户为旅游企业提供务工、餐饮原材料供给等，带动贫困户增收脱贫。每年有 200 多家旅游企业结对帮扶贫困户，使 1700 多户通过乡村旅游带动实现增收。整合旅游发展资金 7507 万元，集中投入乡村旅游扶贫工程建设，惠及 1 万余贫困人口。利用金寨特色农产品优势，加大电商扶持力度，形成“电商+基地+贫困户”扶贫带动新模式。全县 189 家电商微商带动 1 万余户贫困户销售价值达 7296.8 万元的农副产品，贫困户户均销售额 6893 元。创新推进直播电商发展，建设县级文旅电商直播中心，在全县 23 个乡镇开展了电商直播工作室建设，初步形成以县、乡（镇）两级直播工作室为引领，草根主播共同参与的“直播电商矩阵”，推动直播带货常态化发展。目前已开展了 47 场次的规模性直播活动，直播销售扶贫产品 4662 万元，引领助推全县各类电商企业及草根主播自主开展直播 1000 场次以上，直播销售 1.2 亿元以上。

**（三）农村基础设施建设水平大幅提升，发展更加协调**

坚持因地制宜规划基础设施项目，在群众最急、最盼、最需要的方面加大资金投入，做到靶向精准，有的放矢，不断补齐农村基础设施短板，统筹推进城乡协调发展。

（1）饮水安全全面达标。投入资金 4.3 亿元，改造提升小型集中供水工程 540 处、分散式供水工程 1400 处，惠及 229 个村，受益 54.4 万人，其中贫困村 71 个、贫困户 38480 户、贫困人口 12.96 万人，农村安全饮水工程不断巩固提升。截至 2020 年，全县农村集中供水率达到 93%，自来水普及率达到 90%，供水保证率和水质达标率稳步提升。

（2）城乡道路全面畅通。共投入 32.92 亿元，顺利完成大别山旅游扶贫快速通道 150.497 千米、农村道路畅通工程 1633.408 千米、农村公路扩面延伸工程 1131.199 千米、农村公路提档升级项目 84.2 千米、县乡公路大中修工程 59.431 千米、生命安全防护工程 490.862 千米、危桥改造加固 35 座。同时，投入 2.3 亿元全力推进城乡客运（公交）一体化建设，为群众提供"高效便捷、安全有序、经济实惠、分级换乘"的公共交通出行服务。共开通 93 条城乡公交线路，日运行总班次 1336 个，日客运量 1.6 万人次，日运行总里程 38880 千米。

（3）农村电网全面升级。累计投入各类电网建设资金 21.17 亿元，其中 35 千伏及以下电网投入资金 9.15 亿元。新建 500 千伏变电站 1 座、500 千伏双回路 1 条，回购 220 千伏变电站 1 座，新增扩建 220 千伏变电站 2 座、110 千伏变电站 4 座，新建、扩建 35 千伏变电站 14 座，新建 35 千伏线路 9 条，建改 35 千伏及以下线路 790.61 千米，低压线路 2153.82 千米，配电台区 152 台，户均配变容量由 2015 年 2.04 千伏安增长到 2.686 千伏安。

**（四）城乡面貌和干群状态大幅提升，乡风更加文明**

在帮助贫困群众增加收入的同时，加大美丽乡村建设力度和文明创建力度，大力推动移风易俗，促进干部群众提振精气神，增强脱贫致富信心，实现物质和精神双脱贫。

（1）人居环境全面改善。投入 6.7 亿元，大力实施美丽乡村建设和农村环境整治，扎实推进农村垃圾、污水、厕所专项整治"三大革命"。完成 192 个中心村和 22 个乡镇政府驻地建成区美丽乡村建设任务，实现布点规划中心村和乡镇政府驻地建成区"两个全覆盖"，建设数量和完成比例居全省首位。

（2）文明创建全面开花。坚持以脱贫攻坚和文明创建统揽经济社会发展，克服财政资金不足和基础设施薄弱等困难，做到物质脱贫和精神脱贫两手抓、两促进，探索出了一条具有大别山革命老区特色、符合贫困地区实际的物质文明和精神文明融合发展之路。积极培育和践行社会主义核心价值观，以创建惠民利民、常态长效为导向，着力打造全景金寨、全域文明，先后创成第一届安徽省文明县、全国文明村镇（县城）、安徽省文明示范县。

（3）文明新风全面树立。坚持扶贫与扶志相结合，不断激发贫困群众内生动力，促使贫困群众"等靠要"的被动思想逐渐转变为"争先干"的积极行动。

在全县174个行政村开办“振风超市”，贫困群众通过发展产业、主动就业、讲道德守品行，助人为乐、参加义务劳动、保持环境卫生整洁等方面获得相应积分，然后到“振风超市”兑换日常生活用品，让群众争做先进的典型又得到了实惠，让“比着干”成为常态。目前开展评比6500多场次，发放积分3260余万分，每分可兑换价值1元生活用品。建立“红黑榜”制度，按照“弱什么、评什么”的原则，在各村设立“红黑榜”，受表彰的上“红榜”发放积分券，获得负面评定上“黑榜”曝光，倡树鲜明的价值导向。目前共评出“红榜”8.2万人次，“黑榜”2600多人次。通过推动移风易俗解开了群众思想上的“疙瘩”，破除农村红白喜事大操大办、随礼跟风攀比等陈规陋习，变“拖”贫为脱贫。社会风气明显好转，争当贫困户的人没有了，游手好闲、说是谈非的人少了，谋发展、谈创业的人多起来了，比先进、学先进、争先进蔚然成风。

**（五）基层组织战斗力大幅提升，治理更加有效**

坚持“抓党建、促脱贫”，扎实推进“引擎工程”“能人回归工程”，基层组织不断夯实，全县农村基层党组织70%以上受到上级党组织表彰，党组织和党员干部成为困难群众脱贫致富的坚强堡垒和强大后盾。

（1）组织基础全面夯实。积极引导高校毕业生、退伍军人、农民专业合作组织负责人参加村（社区）“两委”换届选举，476名能人、630名村级后备干部进入村级班子（其中129名当选为村书记、主任），大学专科及以上学历588人、占44.5%，村干部平均年龄比上届下降6岁。创新实施农村党员“四联四帮”工程，动员全县农村党员结对帮扶9170户贫困户，有效调动了农村党员参与支持脱贫攻坚的热情。从农村致富能手、退伍军人、返乡创业人员中培养发展党员，提升了党员队伍整体素质。

（2）经济活力全面增强。紧抓国家光伏扶贫、“三变”改革、宅基地改革试点等政策机遇，分村设立村级创福发展有限公司，大力发展村级集体经济。2014—2019年，全县有224个扶贫开发任务村，村均集体经济收入从2.4万元上升至24.97万元，年均增长48%；其中71个贫困村村均集体经济收入从1.46万元上升至37.53万元，年均增长70%。

（3）干群关系全面密切。基层干部政治素养和履职能力在脱贫攻坚中全面提高，特别是2020年面对突如其来的疫情和百年未遇的汛情，基层干部、驻村工作队坚守奋战在一线抗疫防汛，展现出较强的战斗力，群众满意度不断提升，从原来的“群众找干部”到现在的“干部找群众”，干群关系由“对立”变为“融洽”，改变了过去支部讲话无人听、党员干事无人跟的被动局面，紧跟干部去脱贫成为困难群众的自觉行动。

## 二、脱贫攻坚工作的主要做法

金寨县始终把脱贫攻坚作为“十三五”期间头等大事和第一民生工程抓在手上，深入学习贯彻习近平总书记关于扶贫开发的重要论述特别是在金寨视察时的重要讲话精神，不折不扣推进落实中央和省委、省政府关于打赢脱贫攻坚战的决策部署，坚持以脱贫攻坚统揽经济社会发展全局，树立“一盘棋”的思想，扎实推进脱贫攻坚各项工作。

**（一）坚持学深悟透，坚决贯彻落实习近平总书记视察金寨重要讲话精神**

2016 年 4 月 24 日，习近平总书记带着对革命老区的深切关怀亲临金寨视察，调研指导脱贫攻坚工作，发表一系列重要讲话，作出一系列重要指示。四年多来，金寨县牢记总书记殷殷嘱托，坚持“精准扶贫、精准脱贫”，突出“六个精准、五个一批”，并结合金寨实际，提出了坚持以脱贫攻坚统领经济社会发展全局，全力推进脱贫攻坚工作。始终把脱贫攻坚放在最高位置，把服务脱贫攻坚、服务贫困户作为检验广大基层党员干部政绩的“试金石”，真正做到了“一切工作围绕脱贫攻坚、一切工作服从脱贫攻坚、一切工作服务脱贫攻坚”。

**（二）坚持高位推动，全面压实政治责任**

坚持县委、县政府对全县脱贫攻坚工作负总责，按照县抓落实、乡镇村具体实施的要求，层层签订脱贫攻坚责任书，构建“帮扶干部抓点、部门抓线、乡镇抓面”的责任体系。成立县脱贫攻坚领导小组，实行县委书记、县长“双组长”负责制，每月至少召开 1 次全县脱贫攻坚专题调度会，保障脱贫攻坚工作扎实推进。建立党员干部脱贫攻坚工作目标责任考核制度，确保“脱贫重任人人挑，个个头上有指标”，切实强化党员干部脱贫攻坚政治担当，确保脱贫政策落地见效。

**（三）坚持紧盯核心，因户因人精准施策**

以“两不愁三保障”及饮水安全为核心标准，针对贫困人口区域分布、产业资源和致贫原因，进行深入调研分析，金寨县先后出台了《关于全力实施“3115”脱贫计划坚决打赢脱贫攻坚战的实施意见》（“3”是指实现“户脱贫、村出列、县摘帽”这 3 个脱贫攻坚目标，“11”是指精准脱贫 10 大举措和推进脱贫攻坚 10 大工程，“5”是指强化 5 项保障措施），《打赢脱贫攻坚战三年行动实施意见》和《“十个一”脱贫工程实施意见》围绕三个意见，部门制定 35 项支持脱贫攻坚工作的配套方案。根据贫困户致贫原因，量体裁衣、设计多项脱贫“菜单”，做到对症下药、靶向治疗。

**（四）坚持加大投入，切实强化资金支持**

建立健全县级财政专项扶贫资金稳定增长机制，建立扶贫资金统筹整合清单，除各种补贴给农民个人的资金、救灾资金及其他国家规定有特殊用途的专项资金外，五年来累计投入财政专项扶贫资金、统筹整合其他各级各类财政资金共56.02亿元。建立健全脱贫攻坚多规划衔接、多部门协调的长效机制，统筹整合支持社会事业、公共服务均等化、农业综合开发、农村危房改造、农村道路提升工程、农村综合改革、“一事一议”、库区移民搬迁、技能培训、地质灾害防治、跨区域水资源保护补偿等各类涉农项目，与脱贫攻坚工程全面聚合对接。

**（五）坚持深化帮扶，着力提升帮扶实效**

深化定点帮扶，落实“单位包村、干部包户、整村包保”帮扶机制，争取国家人社部、省市各级定点帮扶单位帮扶引进及直接投入社会资金近4亿元，帮扶上项目700余个，为全县实现高质量摘帽提供了强大支持。（1）深化驻村帮扶。向全县71个重点贫困村、所有非重点贫困村选派扶贫工作队，队长分别由县处级干部、乡科级干部担任并全部兼任村党组织第一书记。全县驻村帮扶干部达484人，实现全县所有村“全覆盖”；实现省、市、县、乡四级单位包保全县所有行政村（社区），1.3万余名干部帮扶到户。（2）深化县域结对帮扶。自2017年起，合肥市庐江县结对帮扶金寨县，双方各级各部门累计互访572人次，党政主要负责人先后18次互访。累计接受庐江县帮扶资金5000万元，援建35个扶贫产业项目，并全部完工发挥效益，吸纳就业人数1420人，其中贫困人口678人，转移7个贫困人口赴庐江就业，带动周边受益人口48442人，其中贫困人口17446人。积极开展劳务协作，合作建设扶贫车间1个，吸纳420人就业，其中贫困人口35人。（3）深化社会帮扶。积极动员社会力量参与金寨县脱贫攻坚事业，五年来累计接受国家省市机关事业单位、军队、社会团体、社会组织及企业和社会各界爱心人士认领项目700余个4.3亿元。全力抓好“千企帮百村”，民营企业和商业行业协会组织累计投入脱贫攻坚帮扶资金近6000万元，帮扶贫困人口2.6万余人。

**（六）坚持群众主体，不断激活内生动力**

坚持扶贫和扶智、扶志相结合，出台“移风易俗”指导意见，广泛开展“六净一规范”活动，开办“振风超市”，以积分兑换奖励等方式全面激发贫困户内生动力。建立先进典型事迹库，连续三年开展“全县十佳产业扶贫带头人”“全县十佳脱贫之星”评比活动，并进行不间断、大密度、深层次报道，在全社会营造了良好的脱贫攻坚氛围。探索实施“等靠要思想严重的贫困户改造工程”，建立推广“红黑榜”管理制度，结合扫黑除恶专项行动，严厉打击不赡养老人及参与黄赌毒、封建迷信等行为。广泛开展新时代文明实践活动，深入开展脱贫攻坚大宣讲、“举旗帜·送理论·助脱贫·创文明”理论宣讲、“话变化、感党恩，勠力同心奔小康”脱贫攻坚主题宣讲等活动，传播新时代新思想，激发贫困群众脱贫致富的信心和决心。

**（七）坚持改革创新，增强发展要素支撑**

坚持向改革要动力、向创新要活力。近年来金寨县先后跻身全国生态综合补偿试点县、国家高比例可再生能源示范县等25项国家级改革试点示范，荣获省文明示范县、旅游强县等40多项省级表彰或试点示范。（1）抓好土地制度改革。统筹推进“农村宅基地制度改革、土地征收、集体经营性建设用地入市”三项改革试点，全县自愿有偿退出宅基地4.4万余户，腾退复垦宅基地4.85万亩，交易节约建设用地指标2万余亩90亿元；采用新征收办法征收土地86宗1.39万亩；101宗、327亩集体经营性建设用地入市交易。以土地改革为契机，举全县之力抓好低产林改造、油茶扶贫等工作，实施新增耕地5万亩，为山区群众发展产业、稳定增收提供了有力支撑。（2）探索行政体制改革。积极探索行政机构“大部门制”，结合机构改革，科学设置党委、政府工作部门，全面服务保障脱贫攻坚，增强了协调力度，提高了工作效率。实施乡镇事业站所改革试点工作，将乡镇国土所、财政所、林业站等事业站所分类合并成立乡镇自然资源和规划管理服务中心、财政和资产管理服务中心、社会事业管理服务中心、农业农村管理服务中心和综合行政执法大队，下放事业单位管理权限，增强乡镇政府管理职能和活力，提升了干部结对帮扶成效。（3）实施农村综合改革。积极开展全国农村承包土地经营权、农民住房财产权抵押贷款试点，全面推开农村“三变”改革，界定集体经济组织成员15万户、59万人，实现分红“全覆盖”；支持151家经营主体实施“三变”项目164个，累计增加村集体经济收入349万元，分红到户2373万元。推进农村产业发展带头人培育试点，首批认定70人带动2000余户农户发展产业2万亩，带贫效益凸显。

**（八）坚持从严监督，持续加强作风建设**

建立健全主管主责部门和县纪检监察机关的工作联系、信息共享、上下联动机制。强化财政扶贫资金使用和监管，严格落实“乡案县审”，精准运用监督执纪“四种形态”，严把扶贫领域问责案件质量。从严从实整治形式主义官僚主义，深入查找脱贫攻坚工作中“多、推、虚、浮”等问题，对弄虚作假搞“数字脱贫”的，严肃追究责任，确保中央及安徽省脱贫攻坚各项决策部署落地生根。2016年起全面开展扶贫领域腐败和作风问题专项整治工作，对违规违纪的，依规给予党纪政务处分、组织处理。情节严重的，移交司法机关处理。加强对扶贫工作绩效的社会监督，以工作实效、群众满意度作为评价核心指标促工作落实。

**（九）坚持党建引领，广泛凝聚攻坚合力**

坚持“抓党建、促脱贫”，着力为高质量打赢脱贫攻坚战提供政治保障和组织支撑。（1）持续增强基层党组织战斗力。大力实施“引擎工程”“能力回归工程”，推进基层党建与脱贫攻坚深度融合，发挥村基层党组织引领带动和服务保障脱贫攻坚作用。创新实施农村党员“四联四帮”工程，动员全县农村党员积极结对帮扶贫困户，激发农村党员参与支持脱贫攻坚热情。（2）传承大别山革命老区精神。把大别山革命老区精神作为推动贫困群众脱贫致富的精神力量，充分挖掘红色内涵，成立金寨县红色文化管理中心，与安徽大学合作共建“安徽红色文化研究中心”，出版《金寨革命史》等红色书籍 30 余部；深入推进红色教育，广泛开展红色基因“七进”活动；积极开发红色旅游，创建国家 5A 级红色旅游景区，被国家红旅办确定为全国 12 个重点红色旅游区之一、30 条红色旅游精品线之一。（3）注重从脱贫攻坚一线选拔干部。出台《关于进一步激励广大干部新时代新担当新作为的实施方案》，把脱贫攻坚一线作为育人选人的重要阵地。近年来，从优秀村干部中招录乡镇事业单位工作人员 13 名，提拔重用选派帮扶干部 26 人次。择优选拔 36 名脱贫攻坚实绩突出的事业单位编制人员、优秀村干部、大学生村官和 17 名县直单位优秀年轻干部进入乡镇领导班子。

## 三、2020 年脱贫攻坚工作的主要情况

习近平总书记强调，脱贫摘帽不是终点，而是新生活、新奋斗的起点。2020 年以来，金寨县严格按照总书记“四个不摘”的要求，继续把脱贫攻坚作为头等大事来抓，坚持心不动、弦不松、劲不减，全面落实省、市脱贫攻坚决策部署，以中央巡视“回头看”和国家脱贫攻坚成效考核反馈问题整改为抓手，扎实开展“抗疫情、补短板、促攻坚”专项行动，全力打好“四季攻势”，全力推进脱贫攻坚各项政策落实，全面打好收官之战。

### （一）加强“三级包帮”，建立完善防范返贫致贫机制

聚焦未脱贫户、脱贫不稳定户、边缘户和老、少、病、残、孤等特殊群体，建立由联系乡镇县领导、乡镇班子成员、村书记和驻村工作队组成的“三级包帮”责任机制，抓实抓细“一户一方案、一人一措施”，加强系统管理和过程管控，确保各项帮扶措施全面落实到位。制定出台《防范返贫致贫实施意见》《边缘户救助帮扶意见》，对脱贫户实行分类管理、动态监测，对边缘户在产业、就业、教育、低保、保险、扶贫小额贷款等六个方面给予政策支持，确保未脱贫户如期脱贫、脱贫户不返贫、边缘户不致贫。目前，全县 305 户边缘易致贫户和 258 户脱贫不稳定户已全部消除致贫、返贫风险。

### （二）狠抓问题整改，不断巩固提升工作质量

对标对表省市反馈的“354+N”共性问题，精准认领，扎实开展各类问题整

改工作，坚持做到一周一调度、一月一研判，全面完成46个具体问题、143项整改任务，建立健全《扶贫领域腐败和作风问题专项治理》等39项制度。组织开展对16家脱贫攻坚领导小组成员单位进行“背包式”巡察。组织24个整改督导组对全县24个乡镇、经济开发区，229个村（社区）开展2轮全覆盖督导，及时发现存在问题和不足，督促整改到位，推动问题整改见质见效。统筹推进国家脱贫攻坚督查反馈问题、省督查巡查及其他省市暗访问题整改工作，不断巩固提升整改成效。结合扶贫对象动态管理和信息采集工作，在全县扎实开展“再梳理、再排查，举一反三抓整改，全面夺取脱贫攻坚收官战”大排查工作。坚持做到逐村、逐户、逐人和逐项大排查、大补短、大整改，确保所有政策全面落实、所有问题全面整改、所有数据全面提升。

**（三）加大救助帮扶，全力克服疫情灾情影响**

针对受疫情影响贫困户，认真落实省委、省政府“四帮四促”工作部署，狠抓贫困劳动力就业、扶贫车间复工复产、农产品产销对接、贫困户子女上学“四个短板”，2020年3月底前全部实现“四个清零”。针对因汛受灾贫困户，据统计，金寨县因汛受灾建档立卡贫困户2504户，边缘户受灾户5户，造成直接经济损失1100多万元。因灾导致住房不安全需维修加固或重建56户。针对受灾贫困户，金寨县采取自救和帮扶相结合措施，及时做好道路、饮水工程和住房维修、重建等抢修工作，努力把损失降到最低。全县因汛受灾贫困户的入户道路损毁和饮水安全问题已全部解决，56户需维修或重建的贫困户住房已全部完工。同时加大产业帮扶力度，指导受灾群众及时补种补养，及时快速兑现“深贫保”理赔，共理赔2065户，理赔金额120.49万元。对产业受灾较重和房屋受灾倒塌需重建的贫困户、边缘易致贫户全额代缴2021年基本医保参保费用。

**（四）强化工作举措，深入推进消费扶贫**

按照全省统一部署，持续大力开展消费扶贫工作，成效显著。成立文旅电商直播中心，加大线上营销、宣传推介力度，出台消费扶贫实施方案，大力开展消费扶贫。依托安徽省广播电台、抖音等媒介和“832”销售平台，开展“金寨百名主播齐助农”等直播活动，销售扶贫产品2.7亿余元，其中2020年9月开展“消费扶贫月活动”以来，全县在832平台销售总额为2300多万元，位居全国销售额排名第7位、全省第1位。建成线下实体消费扶贫金寨馆2个、消费扶贫企业馆6处，消费扶贫专区9个，完成政府采购扶贫产品285万余元，建成扶贫智能专柜162个。

**（五）坚持“四个不摘”，全面巩固脱贫攻坚成果**

（1）坚持责任不松。认真履行三级书记抓扶贫的工作责任，继续坚持单位帮扶到村、干部包保到户和驻村派驻工作队制度，推深做实“引擎”“能人回归”“四联四帮”工程，切实把村级党组织建设成团结带领群众脱贫致富的坚强堡垒。（2）坚持政策不变。继续围绕脱贫攻坚“十大工程”项目，严格按照“一户一方案、一人一措施”要求，对贫困户继续执行现行标准下制定的所有扶贫政策，确保贫困户稳定脱贫、持久脱贫。持续做好“两不愁、三保障、一安全”动态监测、排查整改工作，严格落实健康、教育和兜底相关政策，持续做好易地扶贫搬迁后续帮扶和配套设施建设。在确保严格落实原有教育资助政策的基础上，对新入学的本科生、大专生分别给予8000元、4000元“深贫保”资助。全面落实各项帮扶政策，为所有贫困户和边缘户购买了“深贫保”。深入推进特色产业发展，大力推进生猪养殖，对贫困户种猪苗按1100元/头供应，做到户均一头猪。推广夏秋茶采摘，增加贫困户茶叶收入。扎实做好贫困劳动力稳岗就业工作，确保贫困劳动力就业人数与去年同期相比稳定增长。密切关注高校毕业生就业，对2020年毕业暂未就业的84名大中专毕业生通过入伍、招工、见习基地、村后备干部等方式，“一对一”帮扶就业。统筹辅助性岗位和村级公益性岗位管理，实行统一管理，因人因岗设置。大力支持电商旅游业，深入推进消费扶贫活动。坚持“户贷户用户还、应贷尽贷”，持续加大扶贫小额信贷力度，大力支持贫困户到户产业发展。（3）坚持帮扶不断。坚持执行每月1次到户走访制度，强化沟通交流，为贫困户解难事、办实事，切实增强干群关系。新增统筹整合涉农资金62281.8万元，安排实施项目797个。围绕“补短板、打基础”，加大对11个薄弱村（贫困发生率高于0.62%的村）的攻坚力度，实行“一村一策”，在政策、资金、项目、人员上给予倾斜支持，着力提升11个薄弱村的“双基”建设水平和产业发展水平。大力实施交通基础设施建设，累计投入扶贫资金2.35亿元，实施村组道路262.7千米，危桥改造28座，村组道路边沟90千米，农村公路生命安全防护工程161千米。投资240万元，大力实施6个乡镇12个行政村的农村环境整治项目，农村居住环境持续改善。加快推进贫困村电网升级改造任务。2020年累计投入35千伏及以下电网建设资金1.713亿元、实施项目166个，贫困村户均配变容量均超过2.0千伏安，县域电网结构得到进一步优化，农村用电条件全面改善。大力推进养老服务质量提升行动，全县24个乡镇敬老院消防设施、无障碍适老化、食品安全等各项设施条件全部达到养老服务机构规范标准。全县农村“双基”建设得到全面优化，农民获得感、幸福感显著增强。（4）坚持监管不停。结合中央脱贫攻坚专项巡视“回头看”反馈问题和国家脱贫攻坚成效考核反馈问题，深入开展扶贫领域作风问题专项治理，完善资金监管办法，全面审计2014年以来的扶贫资金使用情况，对动扶贫资金“奶酪”的坚决一查到底，确保安全运行。持续加大以“四联四增”为主要内容的“三个以案”警示教育和形式主义、官僚主义整治力度，构建纪律监督、监察监督、派驻监督、巡察监督四位一体的融合贯通机制。严格落实《金寨县“基层减负年”工作举措》，继续围绕“100%”、“全覆盖”、“文件多、会议多、表格资料多”和“迎检文化”等问题，强化整治力度，切实将基层减负减到底、减到位。

## 四、脱贫攻坚工作的主要经验

金寨县紧紧围绕脱贫攻坚新形势、新任务、新要求，聚焦重点任务、坚持问题导向，在实践中不断总结经验、探索创新、解决难题，形成了一系列在全省乃至在全国可复制可推广的成功经验。

### （一）率先实施光伏扶贫

金寨县于2014年在全国率先实施光伏扶贫试点，以“统一规划、分步实施”为总体思路，科学谋划2014年试点、2015年推广、2016年提升“三步走”建设路线，创新形成“分户式、联户式、村集体式、集中式”四种光伏扶贫模式，2.4万余户贫困户享受不低于3000元的年收益分红或发电收入，所有行政村实现村集体光伏电站收入超过10万元；创新发展“板下经济”的综合利用方式，初步形成“农光互补、药光互补、养光互补、林光互补”等发展模式，完成板下发展产业的光伏电站266个，板下发展家禽养殖500亩，板下发展灵芝、中药材、苗木、茶叶等种植业1800亩；创新建管结合的运维模式，组建专业运维班组19个210人，搭建短信服务、保险服务、智慧服务三大管护平台，开展技术攻关、降低运维成本、提高发电效益。经过6年探索创新，全县累计投入14.78亿元建成并网光伏扶贫电站20.11万千瓦，实现综合收益5.6亿元，走出了一条“产权跟着股份走、分红随着贫困走”的可持续精准扶贫之路，为全国光伏扶贫探索了一条可复制可推广的路径。金寨县因光伏扶贫工程被国务院扶贫开发领导小组授予“脱贫攻坚奖组织创新奖”。

### （二）统筹推进易地扶贫搬迁

金寨县把易地扶贫搬迁作为实现稳定脱贫的重要途径，用“六个坚持”破解县内高寒山区、库区一线“一方水土难养一方人”的难题，取得明显成效。（1）坚持宣传开路。各级干部逐户宣传、逐人讲解，对有搬迁意愿的贫困户进行逐户核实，确保实现“愿搬则搬、应搬尽搬、一户不漏”。（2）坚持科学规划。探索形成了行政村就近安置、中心村庄就近安置、建设新的搬迁点集中安置、就业购房安置4种安置模式。（3）坚持完善配套。投入资金8.8亿余元，实施基础设施和公共服务配套建设。（4）坚持尊重民意。按照“群众的事交给群众自己办”的原则，成立了村民搬迁理事会，让搬迁户参与搬迁全过程。（5）坚持政策整合。叠加整合农村宅基地制度改革、美丽乡村建设整县推进、水库移民避险解困等多项政策，做到让利于民、确保不因搬迁而举债。（6）坚持后续帮扶。采取发展产业、土地流转、开发就业岗位、创办扶贫车间、发展村集体经济等多种方式落实后续帮扶措施。截至目前，全县共建设安置点 303 个，搬迁贫困人口 7384 户 26102 人，随迁近 5 万人，实现了搬得出、稳得住、能致富。

**（三）全面推广城乡公交一体化**

金寨县坚持把实施乡村公交畅通工程与统筹城乡发展、精准扶贫紧密结合，从 2018 年开始启动城乡道路客运公交一体化项目，探索形成了 3 种有效模式。拓展“交通+”扶贫模式，充分发挥城乡客运一体化项目作用，创新“交通+旅游”“交通+电商”“交通+产业”等扶贫模式。探索“运游一体”发展模式，以创新全域旅游示范区为契机，开通 14 条动车站、长途汽车站直达乡村旅游景点公交线路，实现日发班次 120 余辆。推进“交邮融合”增收模式，在乡镇交通综合服务站设立电商物流中心，结合农村电商，助力精准扶贫，带动农民增收致富。全县已建成 22 个乡镇交通综合服务站、1 个城区公交停车场和 1 个城乡公交首末站，投放车辆 331 辆，开通 93 条城乡公交线路，惠及人口 68 万，既解决了群众“出行”问题，也解决了农产品“出山”问题。金寨县被评为安徽省 2018 年度“城乡道路客运一体化示范县”。

**（四）“双防”机制助推健康脱贫**

金寨县因病致贫、因病返贫的贫困户占比超过 60%，为切实阻断因病致贫返贫源头，金寨县在全面落实健康脱贫政策的基础上，在“防未病”和“防大病”上下足工夫。（1）建立全民免费体检制度“防未病”。从 2017 年开始，县财政预算 1.25 亿元，按照 155 元/人的标准在全省率先开展城乡居民免费健康体检，全县 16—59 周岁的居民在 3 年内每人至少接受一次免费健康体检，通过“早发现、早诊断、早治疗”，筛查重大疾病，做到“未病先防、小病先治”，降低因病致贫风险。（2）研究出台“1579”医疗补充商业保险政策“防大病”。由县财政按照每人 25 元的标准为未享受“351”“180”政府兜底政策的参保居民购买的大病医疗补充商业保险，实行“1579”再补偿。即：累计个人年度自付合规医疗费用达 1 万元以上的，对超过的部分给予分段累积再补偿，1—2 万元部分再补偿 50%，2—5 万元（含 2 万元）部分再补偿 70%，5 万元以上再补偿 90%，切实减轻非贫困群众看病负担，为健康脱贫再系了一道保险绳。

**（五）电商扶贫赋能乡村振兴**

金寨县利用特色农产品优势，加大电商扶持力度，为打赢脱贫攻坚收官战、赋能乡村振兴提供了强有力的支撑。（1）探索建立“电商+基地+贫困户”扶贫新模式。通过实施电商微商收购贫困户农产品暨农产品上行物流快递补贴、电商扶贫培训、电商示范巩固提升等电商扶贫项目，引导县内电商企业链接产业基地和贫困户，形成稳固的结对帮扶，2020 年共 103 家电商微商收购 7011 户贫困户农产品 3759.65 万元，户均增收 5363 元。（2）推广“直播电商+旅游”扶贫模式。建设县级文旅电商直播中心，持续开展每周四的百名主播齐助农直播带货活动，不定期组织全县主播云上游金寨活动，话题“金寨百名主播带您云上游金寨”视频播放量已达 4000 万次，有效助力旅游扶贫。（3）推动“电商+消费扶贫”升级。在全县 23 个乡镇开展了电商直播工作室建设，初步形成以县、乡（镇）两级直播工作室为引领，草根主播共同参与的“直播电商矩阵”，推动直播带货常态化发展，有力助推消费扶贫。目前已开展了 47 场次的规模性直播活动，直播销售扶贫产品 4662 万元，引领助推全县各类电商企业及草根主播自主开展直播 1000 场次以上，直播销售 1.2 亿元以上。

**（六）创新建立“红黑榜”制度**

坚持扶贫先扶志，注重提升贫困人口的精神风貌和思想素质，创校建立推广“振风超市”和“红黑榜”制度，定期将发生在群众身边的正、反两方面典型行为经群众代表评议后上榜公布，“红榜”聚集正能量，“黑榜”鞭挞反面典型，约束群众不良行为，弘扬新风正气。（1）坚持公正评比。各村成立由村两委成员、驻村干部、扶贫工作队员、村民组长、党员、教师、新乡贤等组成的评比委员会，统一标准，规范流程。（2）坚持正反激励。对表现良好的，上“红榜”公示宣传，并发放振风超市积分券，凭券兑换等值生活用品，目前全县上“红榜”8.2 万人次；对负面评定的，上“黑榜”曝光，发挥反面宣传作用，目前上“黑榜”2600 余人次，均主动改正，申请撤榜。（3）坚持导向灵活。实行“6+X”评比，将勤劳致富、孝老爱亲、移风易俗、环保卫生、遵纪守法、热心公益作为评比的六项主要内容，按照“弱什么、评什么”的原则，由村评比委员会灵活把握引导重点。通过合理安排、定期评比，社会风气全面转变，比先进、学先进、争先进蔚然成风，极大地激发了贫困群众的内生动力。

（作者：金福平，根据《金寨县五年来和 2020 年脱贫攻坚工作情况报告》撰写而成）

# 第二部分

## 助力脱贫攻坚的红色文化

# 金寨县认真贯彻落实习近平总书记讲话精神　切实抓好红色基因传承工作

2016 年 4 月 24 日，习近平总书记在安徽省金寨县考察工作时，专门就党史研究和红色基因传承工作作出重要指示、提出殷切希望。他满怀深情地说，一寸山河一寸血，一抔热土一抔魂。回想过去的烽火岁月，金寨人民以大无畏的牺牲精神，为中国革命事业建立了彪炳史册的功勋。我们要沿着革命前辈的足迹继续前行，把红色江山世世代代传下去。革命传统教育要从娃娃抓起，既要注重知识灌输，又要加强情感培育，要使红色基因渗进血液、浸入心扉，要引导广大青少年树立正确的世界观、人生观、价值观。老区精神积淀着红色基因。要传承红色基因，要怀着对人民的热爱，按照党中央提出的精准扶贫要求，打好脱贫攻坚战，让老区人民过上幸福美好生活。

对此，金寨县采取了一系列行之有效的措施，狠抓贯彻落实，现已取得一些初步成效。

一是迅速传达贯彻。4 月 25 日，金寨县党史县志档案局等单位立即召开全体人员会议，专门学习传达总书记关于党史研究和红色基因传承工作的重要讲话精神，以此增强大家从事这项工作的荣誉感、自豪感、责任感、紧迫感。

二是紧紧抓住总书记到金寨视察这一千载难逢的机遇，及时推出《红色金寨的辉煌革命历史》《金寨，中国工农红军第一县》《六个集团军与金寨红军有渊源、血脉关系》《红色金寨的十张“亮丽名片”》《老区金寨的 23 个闪光数字》《总书记听过的讲解词》《总书记参观红军广场侧记》《总书记考察金寨全记录》等近 20 篇宣传金寨红色历史和红色文化的文章，数量较多、影响较大，在全国范围内迅速兴起了一场宣传金寨的新热潮。

三是及时调整、完善金寨县革命博物馆的讲解词，及时地将总书记关于金寨的“两地说”（中国革命的重要策源地、人民军队的重要发源地）、“两句诗”（一寸山河一寸血、一抔热土一抔魂）、“一段话”（回想过去的烽火岁月……树立正确的世界观、人生观、价值观）充实到新的讲解词里。同时，进一步调整、优化革命博物馆的相关布展内容，使之更加科学、合理、形象、生动。

四是立足长远、着眼全局，认真研究、制定《金寨县红色基因传承方案》。主要措施是“八个好”：研究好红色历史、编纂好红色书籍、讲述好红色故事、宣传好红色金寨、展示好红色老区、开展好红色教育、传承好红色基因、谱写好红色新篇。县党史、宣传、文化、教育、广电等相关部门紧密结合自身职能和行业特点，进一步厘清传承工作思路、明确传承工作重点、制定传承工作方案、增强传承工作效果。

2016年5月以来，金寨县党史县志档案局进一步加大党史军史研究、开发力度，《红军源》《抗美援朝战场上的金寨人》《将星闪耀》等一批具有浓郁地方特色的红色书籍已经或即将出版。县委党校进一步拓展教学范围，与中国社会科学院等知名院校达成联合办学协议，对方均将金寨作为自己的教育教学实践基地，并且分别举行了挂牌仪式。在具体工作中，各单位特别注重党员、团员、干部、职工，特别是广大青少年学生这几个重点人群，力争通过开展党性教育，组织干部职工集中学习，送红色文化进机关、进社区、进农村、进课堂、进村入户等多种措施，让红色文化深入人心、使红色基因代代相传，努力为全县的经济社会发展、脱贫攻坚工作凝聚人心、打牢基础、形成合力。

五是进一步研究、提炼大别山精神的表述语，并形成理论文章，在各级各类媒体上发表。2016年6月下旬，该县专门举办了以“传承红色基因、践行两学一做”为主旨的演讲比赛；与中国社会科学院马克思主义研究院共同举办了“弘扬两地传统，传承大别山精神，在脱贫攻坚中闯出新路”学术研讨会，诚恳邀请相关专家、学者，为金寨老区的“脱贫致富”事业“把脉问诊”、献计献策。

六是及时启动、认真开展“两地说”（中国革命的重要策源地、人民军队的重要发源地）的研究工作，现已有文章公开发表。

七是紧盯长征胜利80周年这个热点，全力以赴做好各项纪念活动的准备工作。

2016年是中国工农红军长征胜利80周年。在全国4支长征队伍（中央红军、红二十五军、红四方面军、红二和红六军团）中，有2支队伍与金寨密不可分，一支是红四方面军（主要发源于金寨），一支是红二十五军（直接诞生于金寨）。因此，在金寨做好长征胜利80周年的系列纪念活动更具有特殊而重大的意义。2016年初，金寨县就地举办“纪念长征胜利80周年系列活动”作为当年工作的重点之一进行了通盘考虑和全面安排。计划开展红军长征历史大宣传、“金寨与长征”征文、理论研讨和“重走长征路”等多项活动，以此缅怀先烈、教育后人。习近平总书记来金寨视察之后，该县进一步强化了思想认识、切实加大了工作力度，加快搜集、整理了红四方面军和红二十五军的长征历史和战斗故事，认真总结长征胜利的主要经验，潜心研究长征精神的现实意义。

到7月中旬，金寨县党史县志档案局已搜集整理《红四方面军的漫漫长征路》《长征先锋、百将之师——红25军的光荣历史和感人故事》《金寨籍老红军、老将军的长征故事、红色故事》等相关文章60多篇，并先后在中国红色旅游网、中国老区建设网、搜狐网、中国民生经济网、中国发展报道网、中国都市新闻网、龙源期刊网、中国老区建设促进网、中国发展新闻网、中国实事求是新闻网、中国创新新闻网、晋绥网、时代纪实网、一点资讯网、大别山网、大别山红色旅游网、太行军事网、国防战线、安徽档案网、六安新闻网及《合肥晚报》《杭州党建》《海南史志》《党史纵览》等50多家各类媒体上连载或刊登，形成了浓厚的宣传氛围，收到了积极的宣传效果。同时，该县正在与中央电视台军事宣传中心、中国实事求是新闻社、中国都市新闻网、安徽音像出版社、《党史纵览》杂志社、六安广播电视台新闻中心、大别山网、大别山红色旅游网等单位合作，计划通过设专题、开专栏、出专刊、拍专题片、采写系列报道等多种灵活有效的方式，进一步宣传英勇伟大、战功显赫、威武不屈、可歌可泣，从金寨走出去的红二十五军和红四方面军。

（作者：胡遵远、李雨迪、李燕，原载《文化月刊》2016年第24期）

# 着力谱写六安红色文化资源开发利用新篇章

自有了党的活动开始，到 1949 年新中国成立，在六安这块红色的土地上，发生了一系列有重大影响的革命战争和革命事件，孕育了一大批有重大影响的政治家、军事家，留下了许多脍炙人口的红色诗歌……汹涌澎湃的革命浪潮、艰苦卓绝的革命斗争、灿若星河的革命人物，给六安留下了丰富多彩、独具特色、内涵丰富、积淀厚重的红色文化资源。

六安，红色历史连绵不断、红色文化积淀深厚，是全国红色旅游经典景区的集中地，全国 12 个重点红色旅游景区和 30 条红色旅游精品路线之一。挖掘红色文化资源，做亮红色文化品牌，发挥红色文化优势，谱写红色文化新篇，六安有着巨大的潜力可挖、繁重的工作要做。

近年来，六安的红色文化资源开发利用工作取得了显著成绩、结出了丰硕成果、收到了良好效益。但是，与红色文化资源大市的地位相比、与兄弟市区开发利用的实绩相比，六安还有较大的差距，主要原因是缺少整体规划的引领和科学机制的“催生”，缺乏专业队伍和足够的建设资金等。笔者认为，有必要采取以下“四项措施”、做好“六个结合”，着力谱写六安红色文化资源开发利用新篇章。

## 一、四项措施

第一，开展普查、摸清家底，尽快研究制定切实可行、科学合理的开发利用规划。统一模式、统一标准，对全市红色文化资源进行普查、摸底。在此基础上，邀请功底深厚层次较高并具有丰富实践经验的专业团队，对全市“十三五”乃至今后一个时期的红色文化资源开发利用工作进行总体规划。规划要紧密结合《大别山革命老区振兴发展规划》及省政府刚刚出台的贯彻落实实施方案，紧密结合省、市“十三五”发展规划，有针对性地解决六安红色文化资源过于分散、开发手段单一，特色不够鲜明、品牌不够响亮，重物质文化载体的修复建设、轻精神文化内涵的发掘挖掘，重物质文化载体的开发利用、轻精神文化内涵的研究开发等突出问题，画出“线路图”、排定“时间表”，绘就全市红色文化开发利用工作的宏伟蓝图。

第二，凝聚力量、主攻重点，充分发挥红色资源大县的典型引路、示范带动作用。金寨，是六安老区中的“老区”，全国第二将军县、中国革命的摇篮之一。红色历史更加灿烂，红色文化资源更加丰富。集全市之力、聚全市之财，精心打造金寨红色历史文化名城、拓展金寨红色文化发展之路，不仅具有培植亮点、做大品牌的显著效应，还具有示范引导、带动周边的现实意义。因此，在人力、物力上要向金寨倾斜，在资金项目上要向金寨集中，让金寨这块红色热土更红、红色品牌更亮。同时，要进一步集中力量，研究开发六安红色文化资源，高度概括、加工凝练“六安精神”，精心打造、大力宣传“六安品牌”，扩大六安的影响力、提高皖西的美誉度；加大红色文化资源的维护保护力度，加快红色区域的基础建设步伐，努力做到永久利用、积极创优开发利用的客观条件；充分利用红色文化资源的价值优势，着力助推六安经济社会快速发展；大力弘扬红色文化精神，进一步凝聚老区人民加快发展、建设小康社会强大合力。

第三，整合机构、壮大队伍，切实有效地解决人员不足的问题。为了集中人力办大事、壮大队伍促发展，2014 年 8 月，金寨县将县委党史研究室、县地方志办公室、县档案局（馆）、县革命博物馆 4 家单位进行整合，组建了新的“金寨县党史县志档案局”和“金寨县红色文化研究开发中心”。改革催生了动力、整合产生了效益。一年来，该局的各项工作快速推进、各项事业全面发展，尤其是红色文化研究开发工作，呈现出风生水起、成效明显的喜人局面：红军文物征集工作硕果累累，党史编研工作速度翻番，抗战胜利 70 周年纪念活动丰富多彩，志鉴编辑工作重新启航，档案事业蓬勃发展，博物馆工作再上台阶。实践证明，机构整合符合改革大势、有利工作推进，值得大家借鉴和推广。各县区都要结合自身实际和特点，开动脑筋、使出新招，着力解决专业队伍不强、专业人员不足的实际问题。

第四，活化思路、多元投入，着力创新聚资融资的方式方法。按照“政府搭台、社会唱戏”的思路，努力实现投资主体的多元化。一要整合项目、资金，加大政府投入；二要打破条条框框，吸纳社会资金；三要积极对外推介，实行招商引资；四要制定优惠政策，促进红色文化产业加速发展、切实增强自我造血功能。

## 二、六个结合

第一，与党史军史研究结合。充分发挥红色文化资源的历史印证功能，卓有成效地开展党史军史研究，使其相互验证、相互补充，相互促进、共同发展。

第二，与爱国主义和革命传统教育结合。充分发挥红色文化资源的政治教育功能，让红色文化资源成为德育教育的有效载体，寓教于乐，使人们受到“润物细无声”的熏陶，主动地、真诚地接受红色文化的洗礼和理想信念教育。

第三，与党性教育基地建设结合。充分发挥红色文化资源的文明传承功能，加大维护维修力度、加快改造建设进度，积极推动红色文化进课堂，努力打造党员干部喜闻乐见的“经典党课”“经典培训”，千方百计地让红色文化资源提炼和凝聚的井冈山精神、长征精神、延安精神、西柏坡精神深深植根于广大党员干部心中，不断发扬光大。

第四，与招商引资工作结合。充分发挥红色文化资源的经济开发功能，一方面通过招商引资、加大投入，加快红色文化资源的开发利用步伐；另一方面使红色文化资源的经济开发价值得以挖掘和显现，让其服务于经济社会，推动历史发展。

第五，与先进文化建设结合。红色文化是先进文化的重要组成部分。建设社会主义先进文化，首先要发扬光大红色文化。要充分挖掘高尚的革命情操、坚定的革命意志、浪漫的革命情怀以及鼓舞士气、威震敌胆的红色诗文、红色歌曲、红色民谣、红色戏剧的丰富内涵；大力弘扬万众一心、百折不挠、忠诚奉献、敢于担当的革命传统；努力将红色文化融入到文学艺术、广播影视、新闻出版、音像制品、旅游娱乐、教育信息、网络服务、策划展览、体育竞技等多个行业，让其在社会主义先进文化建设中当“排头兵”做“先行官”。

第六，与红色旅游开发结合。红色旅游开发是红色文化资源开发利用最直接、最快捷的一条重要途径，必须倾心聚力，做大做强，努力让两者有机地结合起来，使他们相互融合、浑成一体。要对红色文化资源本身进行整合，把分散的红色文化资源联结成一个有机的整体，充分发挥其整体效益；在突出红色文化的同时，兼顾皖西的“古色”“绿色”“白色”“金色”资源的开发利用，使其成为五光十色、丰富多彩的旅游产品组合，以便满足不同群体的不同需求；努力开发“唱红军歌、走红军路、听红军故事”一类的参与型、体验型旅游项目，不断推出红色文化资源与其他旅游资源相互渗透、相互补充的特色化、个性化旅游产品，增强红色旅游的吸引力、延伸红色旅游的产业链，切实提高红色旅游收入扩大红色旅游效益。

（作者：胡遵远，原载《决策》2016 年 Z1 期）

# 红色文化助力脱贫攻坚

“八月桂花遍地开，鲜红的旗帜竖啊竖起来……”这首脍炙人口的革命歌曲《八月桂花遍地开》大家耳熟能详，但歌曲的诞生地——安徽省金寨县，恐怕很多人就未必知道了。

2016年4月24日，习近平总书记视察金寨县，就红色基因传承作出了重要指示。此后，金寨县立足老区优势，挖掘红色资源，走出了一条红色文化与红色旅游、红色文化研究开发与脱贫致富融合发展的新路子。但红色文化研究开发是个长期、系统的工程，需要统筹谋划，精准施策。笔者根据从事红色文化研究开发工作的实际，就如何做亮红色文化名片，帮助贫困百姓脱贫致富谈一些思考。

## 一、红色文化圣地逐渐红火

金寨县地处鄂豫皖三省结合部、大别山腹地，是中国革命的重要策源地、人民军队的重要发源地（简称“两源两地”），是鄂豫皖革命根据地的核心区和苏区建设的典范，有着“中国工农红军第一县”“全国第二将军县”之称。这里先后诞生、组建、重建了12支主力红军队伍，是中国工农红军第四方面军的主要发源地、红二十五军直接诞生地。红色革命历史源远流长，红色文化积淀深厚，红色基因丰富多彩。

金寨县有着红色文化的宝贵财富，但受老区、山区、库区、贫困地区等多种因素的制约，多年来，金寨人却过着“守着金山讨饭吃”的日子，一直处在全国扶贫开发工作重点县行列。2014年，全县仍有重点贫困村71个，占全县总村数的31.7%；贫困人口10.61万人，约占全县总人口的15%，贫困发生率为15.8%。

近年来，金寨县充分发挥红色文化优势，在研究开发“红色文化”、培育建设“红色文化”基地及开发红色旅游景区上作文章，全力打造红土地上的精神高地。

金寨县组建了由县党史工作领导组统一领导、县党史县志档案局为主体、新四军历史研究会和红军历史研究会相配合、社会力量为补充的红色文化研究开发队伍，加大“坚贞忠诚、牺牲奉献、一心为民、永跟党走”的大别山精神的研究、宣传力度和“两源两地”、党史军史研究开发力度，编辑出版了《红军源》《将星闪耀》等20多部具有浓郁地方特色的红色书籍，创作了歌曲《金寨红》、话剧《永远的金刚台》等一大批红色文艺作品；2017年，还举办了一场全国性、高规格的“纪念建军90周年暨‘两源两地’研讨会”。

与此同时，以安徽金寨干部学院为重点，全力打造“全省一流、全国知名”的党性教育基地。加快推进学院三期、博物馆改造提升、红军广场等场馆建设，充分发挥县内红色遗址点多面广的优势，打造精品课程、精品路线、精品讲座，发展“菜单式”“订单式”教学，构建“一个中心、五个百里”的红色教育培训新格局。现在，全国已有国防大学等27所院校在此挂牌，将金寨干部学院作为党性教育基地。在加快建设红色旅游景点的同时，金寨县坚持开发与保护并重，及时维护维修了中央鄂豫皖省委旧址花石汪家老屋、中共鄂豫皖分局燕子河会议旧址刘家老屋等多处革命遗址，举办了红军长征胜利80周年、中国人民解放军建军90周年、刘邓大军挺进大别山70周年等系列活动，掀起了红色文化研究开发的热潮。红色文化圣地逐渐红火起来。

## 二、红色文化研究开发与“两源两地”地位不相适应

随着红色文化研究开发工作的推进，红色金寨的带动效应开始显现，人流、物流、资金流等纷至沓来。虽然势头很好，但是，红色文化的研究开发工作与金寨“两源两地”的重要地位相比，与安徽省提出“要将金寨打造成红色教育基地、红色旅游目的地、红色旅游带动经济发展示范地”的要求相比，红色文化的作用发挥及功能开发方面还有待提升，主要表现在以下三个方面。

一是缺乏专业人才。红色文化研究开发需要一批具备深厚党史、军史知识的专业人才，金寨县地处偏僻一隅，又在基层，研究型人才十分缺乏。

二是少数人对红色文化研究开发工作的重要性、必要性、紧迫性认识不够。认为它是虚的，对经济发展、脱贫攻坚没有多大作用，存在“讲起来重要，抓起来忘掉”的现象。

三是组织机构不健全、激励机制不完善、红色品牌不突出，缺乏享誉全国的红色文化品牌，缺少震撼人心的文学作品、文艺作品，特别是欠缺经典的影视作品。

## 三、倾力打造老区新名片

红色文化不仅有重要的宣传教育作用，也具有巨大的经济社会价值，金寨县要着力解决目前文物资料收集不起来、党史资料研究不出来、文艺作品创作不出来、红色景点建设不起来的现实问题，挖掘好、开发好、利用好红色文化资源，设计出别具特色的红色文化旅游产品，打造红色老区新名片，助力贫困户脱贫攻坚。

针对金寨的实际，笔者认为，在今后的红色文化研究开发方面，要做好以下四项工作。

一是弘扬大别山精神，增强全县决胜脱贫攻坚的责任感、使命感和紧迫感。由金寨总结、提出的“坚贞忠诚、牺牲奉献、一心为民、永跟党走”的16字大别山精神已得到社会各界的广泛认可。金寨要以宣传大别山精神为突破口，积极传承红色基因，引导和教育党员干部在脱贫攻坚中真抓实干，以增强贫困户利用红色文化脱贫致富的信心和决心。

二是开发好红色文化产品，为红色旅游和脱贫攻坚提供智力支持。要加强红军文物资料的征集工作，解决好红色文化研究开发的基础问题、原料问题；要多出一些有关金寨红色文化的研究论文、宣传文章、专著图书、文艺精品，为红色旅游提供源源不断的史料和多姿多彩的文学艺术作品，以此丰富旅游的内涵，提升旅游的层次，延伸旅游的链条。

三是因地制宜地做好红色旅游景点的开发利用工作，培育出红色文化带动经济发展、红色旅游助力脱贫攻坚的样板和典型。金寨县红色景点众多、革命遗址遍布全县，要有所选择地做好规划，加大投入，使之成为革命遗址的保护地、红色旅游的目的地、增加收入的样板田、脱贫致富的好典型。

四是“借梯上楼求发展，借助外力齐攻坚”。做大做强、做响做亮红色文化品牌，以扩大金寨的知名度、美誉度、影响力、吸引力，统筹规划、集聚要素，采取灵活多样的方法，培育“两源两地”、“红二十五军的诞生地”及“《八月桂花遍地开》的原创地”等红色文化品牌，做好引人引智、招商引资的工作，并以此争取更加倾斜的政策支持、项目支持和资金支持，走出开发红色文化，助力脱贫致富的新路子，确保全县在2020年前，实现“户脱贫、村出列、乡致富”的既定目标。

（作者：胡遵远，原载《人民政协报》2017年9月6日）

# 研究红色历史　开发红色资源<br>传承红色基因

习近平总书记指出，红色，是日出的颜色，象征光明，凝聚力量引领未来；红色，是中国的颜色，象征革命与胜利。不忘初心，继续奋斗，日子就会越来越红火。中国共产党之所以能够不断发展壮大，是有其内在的红色基因。这就是党在长期奋斗中淬炼的光荣传统和优良作风。我们一定要“把理想信念的火种、红色传统的基因一代代传下去，让革命事业薪火相传、血脉永续，永远保持老红军本色”。

红色文化是中国共产党领导人民在革命建设改革进程中创造的以中国化马克思主义为核心的先进文化。红色文化作为一种重要资源，包括物质文化资源和精神文化资源两个方面。其中，物质资源表现为遗物、遗址等革命历史遗存与纪念场所；精神资源表现为包括井冈山精神、长征精神、延安精神、铁军精神、大别山精神等在内的红色革命精神谱系。

从文化价值和社会功能来看，红色文化资源具有不可替代的教化作用、传承作用、导向作用、规范作用、凝聚作用、激励作用。其既有历史价值，也有现实价值；既有社会价值，又有经济价值。

这些作用和价值在我们革命老区——安徽省金寨县都得到了有力证明和集中反映。金寨，是中国革命的重要策源地、人民军队的重要发源地；是中国工农红军第一县、全国第二将军县，革命歌曲《八月桂花遍地开》由此诞生并唱响全国。金寨还是中国革命历史的一个缩影。土地革命战争时期，金寨是鄂豫皖革命根据地的核心区；抗日战争时期，金寨是安徽乃至大别山区抗日民主救亡运动的指挥中心；解放战争时期，金寨是刘邓大军千里跃进大别山的重要目的地和实施战略转移的重要后方根据地。

金寨，红色历史源远流长，红色基因积淀深厚，红色文化绚丽多彩。独特的县情独特的资源，赋予金寨人独特的担当：研究红色历史、开发红色资源、弘扬红色文化、传承红色基因，金寨人重任在身、义不容辞。近年来，全县高度重视红色文化研究开发工作：成立了以县委副书记为组长的红色文化研究开发工作领导组；将党史、县志档案、博物馆三个部门整合在一起，组建成新的金寨县党史县志档案局；积极构建由党史工作领导组统领导，以党史县志档案局为主体、新四军历史研究会和红军历史研究会相配合、社会力量为补充的红色文化研究开发新格局。县委、县政府专门出台了《关于加强红色文化研究开发和传承工作的意见》及《金寨县红色文化研究成果奖励办法》，县财政每年拿出 100 万元专项资金，专门用于红色文化研究开发和传承工作。

2016 年 4 月 24 日，习近平总书记亲临金寨县视察，对金寨人民为中国革命和建设所作的巨大牺牲和突出贡献给予了充分肯定和高度评价。总书记满怀深情地说："一寸山河一寸血，一抔热土一抔魂。回想过去的烽火岁月，金寨人民以大无畏的牺牲精神，为中国革命事业建立了彪炳史册的功勋。我们要沿着革命前辈的足迹继续前行，把红色江山世世代代传下去。革命传统教育要从娃娃抓起，既要注重知识灌输，又要加强情感培育，要使红色基因渗进血液、浸人心扉，要引导广大青少年树立正确的世界观、人生观、价值观。"

习近平总书记对红色文化研究开发和红色基因传承工作作出重要指示后，金寨县立即将这项工作摆上更加重要的位置、前所未有的高度，深入挖掘红色资源、积极开发红色文化，奏响红色主旋律、传承红色好基因。自 2014 年 8 月金寨县党史县志档案局组建以来，主要做了以下几个方面的工作。

一是做大做响了一批红色金寨的文化品牌。即金寨是中国革命的重要策源地、人民军队的重要发源地，金寨是中国工农红军第一县，金寨是革命红旗永远高扬的地方，等等。我们通过各种途径广泛宣传，使之深入人心，让人们形成共识。

二是概括凝练了一种伟大的精神，即大别山精神。大别山位于鄂豫皖三省交界地带，是长江、淮河的分水岭。大别山区包括安徽的六安、安庆，湖北的黄冈、孝感、随州以及河南的信阳等 7 个地市、36 个县市区。在波澜壮阔、烽火连天的峥嵘岁月，以金寨为代表的大别山人民用鲜血和生命创造了 30 年红旗不倒的伟大奇迹，铸就了伟大的大别山精神。它与井冈山精神、延安精神、沂蒙精神、西柏坡精神等重要精神一样，都是中国共产党领导人民群众在不同时期、不同地域进行革命、建设和发展的精神凝结体，都是中华民族精神的重要组成部分。2016 年 4 月 24 日习近平总书记视察金寨时，我们将金寨总结凝练的坚贞、忠诚、牺牲、奉献、永跟党走的大别山精神向习近平总书记作了汇报，受到了充分肯定。

三是编纂出版了一批红色文化书籍。几年来，我们立足金寨实际，认真研究党史军史，编纂、出版了《红军源》《将星闪耀》《风展红旗入陕甘》等近 30 本红色文化图书。其中，仅2017年，我们就与安徽出版集团合作，组织编纂了一套“八月桂花遍地开——金寨红色文化系列丛书”（共10册）。与《铁军》杂志社共同推出了“来自中国革命重要策源地、人民军队重要发源地——金寨县的系列报道”，邀请著名军旅作家徐贵祥等来县开展采风创作活动，配合完成了纪念建军90周年大型纪录片《从胜利走向胜利》的采访、拍摄任务，创作了歌曲《金寨红》、话剧《永远的金刚台》等一大批红色文艺作品。

四是组织举办了一系列主题鲜明的纪念活动。2015年我们重点围绕抗日战争胜利70周年，2016年重点围绕红军长征胜利80周年，2017年重点围绕解放军建军90周年这三个不同的主题，组织开展了征文演讲比赛、文艺演出、书画展、报告会、座谈会等不同形式、各具特色的系列纪念活动。特别是2016年，我们与安徽广播电视台合作推出了“红军故居忆红军”“二万五千里同升一面旗”等纪念长征胜利80周年的大型系列活动，向全国13个省市进行现场直播，收到了良好效果。

五是广泛开展送红色基因“六进”活动。仅2017年，全县就开展送红色基因进学校、进军营、进乡村、进企业、进机关、进社区宣讲，服务活动60余场（次），听众逾万人（次），将金寨的红色历史、红色故事、红色书籍送进千家万户。我们还积极响应家风建设需要，紧密结合县情实际，充分发挥金寨老区县、将军县的红色资源优势，组织人力、挖掘整理了一批金寨籍老红军、老将军的红色家风故事。

六是精心打造一批党史党性教育基地。以金寨县革命博物馆为龙头，以立夏节起义旧址丁埠大王庙等革命旧址恢复重建维修提升为重点，全力打造党史教育基地。大力支持、主动配合、全面推进以安徽金寨干部学院为重点的党性教育基地建设。

七是倾心尽力、广泛征集一批红军文物资料。自2015年开始，档案局领导班子所有成员每年都外出3次以上，找信息、托关系，“东征西战”、南下北上，共征收文物资料近2000件（份），超额完成了县委、县政府下达的目标任务。

上述措施的实施，不仅使金寨的红色文化得到了空前的发展，让红色金寨热了起来、火了起来、亮了起来，而且使金寨县的知名度、影响力大幅度提升，党中央、国务院和省市各级更加关心关注、支持帮助金寨，老区金寨随之焕发出光芒四射的活力和无穷无尽的魅力，人流、物流、资金流、信息流从四面八方纷至沓来，涌向金寨。在此带动下，金寨的经济发展迅速升温，项目建设快速起步，城乡面貌日新月异，人民群众的生活逐渐提升，全县上下呈现出一派欣欣向荣的喜人局面。红色文化的引领作用、动力作用、促进作用和带动经济社会快速发展、人民群众早日脱贫致富的作用越来越明显。

事实有力地证明，红色文化不仅有利于培育以爱国主义为核心的民族精神、有利于引领时代主流和社会风尚、有利于满足人民群众精神文化需求、有利于增强文化自信，而且有利于提高一个地区的知名度、影响力，有利于增强区域文化的软实力、竞争力，有利于带动红色旅游乃至旅游产业、经济发展和社会事业进步。

2018 年，是全面贯彻落实党的十九大精神的开局之年，是改革开放 40 周年，是决胜全面建成小康社会、实施“十三五”规划承上启下的关键一年。我们要高举中国特色社会主义伟大旗帜，以习近平新时代中国特色社会主义思想为指导，全面贯彻落实党的十九大精神，坚持新发展理念，按照高质量发展的要求，坚定不移地推进党史军史研究、红色基因传承等各项工作，不忘初心，牢记使命，投身新时代，作出新贡献。

（作者：胡遵远，原载《铁军》2018 年第 5 期）

# 让革命文物说话　让红色历史再现

## ——关于革命文物保护利用工作的调查与思考

2018 年 7 月，中共中央办公厅、国务院办公厅发布了《关于实施革命文物保护利用工程（2018—2022 年）的意见》。这个意见是新中国成立以来，第一个以“两办”名义印发的专门针对革命文物工作的中央政策文件，充分体现了以习近平同志为核心的党中央高度重视革命文物工作，充分体现了我们党不忘初心、牢记使命的历史责任和政治担当。

金寨县地处安徽西部、大别山腹地，是中国革命的重要策源地、人民军队的重要发源地，是中国工农红军第一县、全国第二将军县。长期的革命斗争、伟大的革命实践，使金寨县产生并留下了丰富多彩、积淀深厚的革命文物资源。

2016 年 4 月 24 日，习近平总书记视察金寨时，专门对红色文化研究开发、革命文物保护利用等工作提出了殷切希望，他满含深情地说：“一寸山河一寸血、一抔热土一抔魂。”在过去的烽火岁月里，金寨人民以大无畏的牺牲精神，为中国革命事业建立了彪炳史册的功勋。我们要沿着革命前辈的足迹继续前行，把红色江山世世代代传下去。革命传统教育要从娃娃抓起，既要注重知识灌输，又要加强情感培育，要使红色基因渗进血液、浸入心扉，要引导广大青少年树立正确的世界观、人生观、价值观。

三年来，金寨县认真贯彻落实习近平总书记的重要讲话精神，高度重视、切实加强革命文物资源的研究、开发、宣传、利用等各项工作，制定了《关于加强革命历史类纪念设施、遗址和爱国主义教育示范基地工作的实施意见》，狠抓了五项工作。

一是坚持规划引领。投资约 7000 万元，委托安徽省文物考古所研究编制了《金寨革命旧址文物保护规划》和境内 7 个国保单位保护利用设计方案，组织编制了《金寨县 2017—2019 三年文物保护工作计划》，启动实施了金寨县革命博物馆改、扩建项目。

二是实施抢救修复。投入资金近 6 亿元，对全县 6 个国保单位、14 个省保单位、5 个市保单位和 35 个县保单位进行了抢救性维修，完成了 9 个革命文物点的布展工程。

三是注重级次提升。仅 2017 年就申报了 9 处（19 个文物点）省保单位、11 处（30 个文物点）国保单位。

四是加强资源保护。为全县 56 处重点革命文物配备了管护员，每人每年补助 6000 元。

五是科学合理利用。立足文物资源情况，提出了打造“一山、一局、三地”的保护利用工作总思路。“一山”就是大别山，大力弘扬和传承以“坚贞忠诚、牺牲奉献、一心为民、永跟党走”的大别山精神。“一局”就是着力构建红色教育大格局。“三地”就是倾力打造红色教育基地、红色旅游目的地、红色旅游带动老区经济发展示范地。

几年来，金寨县通过上述各种有效措施的综合运用，不仅充分发挥了革命文物资源在传承红色基因、弘扬革命传统等方面的积极作用，而且有力地扩大了老区影响、擦亮了老区品牌，在争取上级关心关注、扶持支持和招商引资、引才引智等方面都发挥了巨大作用。特别是红色文物资源的开发利用，既帮助全县广大贫困群众树立了脱贫信心，鼓足了发展干劲，也帮助全县广大干部职工增强了扶贫济困、结对帮扶的责任感、使命感、紧迫感，进而促进了红色旅游、加快了三产发展，增加了群众收入。2018 年 1—8 月，全县共接待各类游客 648 万人（次），创综合收入近 25 亿元，比 2015 年同期分别增长 54. 3%和 36. 6%。其中，红色旅游接待的人数和收入比重明显提升，红色旅游对旅游经济和县域经济的促进作用、拉动作用、支撑作用明显增强。

金寨县革命文物保护利用工作，也存在一些不足：在革命文物的保护方面，力度不够大。少数人对革命文物的重要性和特殊价值认识不够，保护意识不强，随意破坏、损坏文物的现象依然存在。在革命遗址的管理方面，权责不够清。在革命文物的宣传方面，氛围不够浓。在资源的开发利用方面，动力不够足。政府投入的人力、物力、财力、精力不够，一些重要的革命文物得不到及时有效的保护。在管理体制机制方面，制约因素比较多。特别是在机构设置、职能定位、人员编制、经费保障等方面存在较多的制约和困难，影响了工作的有效开展。

党的十八大以来，习近平总书记高度重视革命文物的保护利用工作，先后作过 20 多次重要指示批示，30 多次深入革命旧址、革命博物馆纪念馆进行考察，提出了一系列新思想、新观点、新要求，为加强新时代革命文物保护利用工作提供了根本遵循。中办、国办发布的《关于实施革命文物保护利用工程（2018—2022 年）的意见》，聚焦革命文物工作的重点和难点问题，对今后五年革命文物保护利用的指导思想、基本原则、发展目标、主要任务和保障措施进行了全面谋划和顶层设计。金寨作为全国革命文物的重点县，要认真学习领会、全面贯彻落实习近平总书记新时代革命文物工作的新思想、新要求，以该意见为指针，着力在保护、管理、开发、利用等各方面取得新成绩。

在思想认识上，要牢固树立不忘初心和使命担当的意识。要站在坚定文化自信，立足文化强县的高度，着力在工作机制、夯实基础、规划引领、重点工程、文化展示、宣传教育、红色旅游、学术研究等 8 个方面做好文章，充分凝聚“规模效应”，共同唱响“红色文化”之歌。

在规划实施上，要突出做大、做实、做优“大别山红色品牌”。要根据《全国文物事业发展“十三五”规划》和《大别山革命老区振兴发展规划》的要求，在深度推进鄂豫皖三省革命文物资源整合的基础上，真正统筹协调好、组织实施好金寨老区革命文物保护项目，着力推进大别山片区革命文物保护联盟加快建设。

在项目管理上，要切实加快推进和实施革命文物保护工程。要加大资金投入，进一步加强对重点革命文物的维修保护，确保一批急需抢救的重要革命旧址得到“应保尽保、应保早保”。要抓住机遇，对符合国家和省市级重点文物保护单位申报条件的，积极推进申报工作，力争实现“提档升格”，争取更多的政策支持和资金投入。

在开发利用上，要充分发挥革命文物的作用。要抓住重点、塑造特色、打造亮点、培植看点，进一步增强革命文物展示的历史感、直观感和认同感，扩大革命历史的穿透力、文化艺术的感染力和红色基因的渗透力，充分发挥它们服务大局、资政育人、推动发展的独特作用。

在未来发展上，要注重对红色文化产业的科学、高效开发。要把红色文物保护利用与实施乡村振兴战略、打造创意文化产业、加快精准扶贫和精准脱贫有效结合起来，带动老区人民脱贫致富。要讲好革命历史、讲好红色故事，着力打造出具有历史特征的文化旅游品牌。要切实加强重要革命旧址的修缮和维护，积极开发文化园区、旅游景区与革命遗址遗迹相结合的红色旅游项目。

（作者：胡遵远，原载《铁军》2018 年第 11 期）

# 老区脱贫要用好红色旅游资源

由于种种原因，目前仍有不少革命老区没有摆脱贫困、摘掉帽子。笔者以为：脱贫道路千万条，开发“红色”很重要。

一般来说，革命老区都有丰富的红色文化资源，发挥自身优势、开发红色旅游资源、助力脱贫攻坚，应该说是革命老区的一条切合实际的脱贫致富道路。无论是在脱贫攻坚的冲刺阶段，还是在未来巩固脱贫成果、全面建设小康的征程中，各地都应该把它作为一项重要的举措，提上日程，狠抓落实。

有人可能会问：开发红色旅游资源，对于脱贫攻坚来说，到底有哪些积极的作用和效果呢？笔者认为，至少有以下四个方面的好处。

第一，可以让广大群众特别是贫困群众受到深刻的思想教育，坚定脱贫攻坚的决心和信心，增强脱贫工作的内生动力。第二，可以激发各级干部踊跃投身脱贫攻坚的主战场，切实增强做好结对帮扶工作的责任感、使命感和紧迫感，充分调动他们做好扶贫工作的积极性、主动性和自觉性。第三，开发红色资源、打响红色品牌，可以争取一些特殊政策、重点项目和扶持资金，加快区域经济的发展，优化脱贫攻坚的环境；对外，还可以提高老区的知名度、美誉度和吸引力、影响力，有利于招商引资和引才引智工作。第四，开发红色旅游资源，不仅可以直接带动群众发展第三产业、增加就业、提高收入，而且可以促进文化、教育、体育、卫生等相关产业的融合发展，促进交通、水利、环保等相关领域的基础设施建设，改善群众的生产生活条件、夯实脱贫攻坚的基础保障。

在这方面，安徽省金寨县就是一个很好的例证。金寨县既是全国脱贫攻坚的重点县，也是全国著名的老区县，是中国革命的重要策源地、人民军队的重要发源地。近几年，该县提炼了伟大的大别山精神，打响了“两源两地”品牌，推出了系列红色文化研究成果，营造了良好的红色文化发展氛围，开展了丰富多彩的红色基因传承活动，做大了富有特色的红色旅游产业。金寨人的做法赢得了各级各部门的高度重视和大力支持，先后争取到不少的项目和资金，同时，也吸引了大量的客商前来投资兴业以及各类人才落户于此，为当地发展献智出力。

放眼全国，类似于金寨这样的事例很多。据报道，四川省苍溪县走出红色旅游扶贫之路，陕西省延川县农村空窑洞“生”出致富钱，江西省井冈山市红色旅游助力脱贫，河南省新县依靠红色摘掉贫困帽子……许多革命老区、红色景区都在积极探索、大胆尝试红色扶贫新路。

鉴于此，笔者呼吁：在今后的扶贫开发工作中，革命老区一定要不断提高红色站位，丰富红色展览，开发红色资源、建设红色山川……笔者相信，只要能够坚持，老区的脱贫攻坚之路会越走越宽、脱贫致富的成效会越来越好。

（作者：胡遵远，原载《农民日报》2019年3月27日）

# 加速革命文化研究开发助力脱贫攻坚决战决胜

## ——学习党的十九大报告关于革命文学重要论述的收获与思考

习近平总书记在党的十九大报告中明确指出：文化是一个国家、一个民族的灵魂。文化兴国运兴，文化强民族强。文化自信是一个国家、一个民族发展中更基本、更深沉、更持久的力量。没有高度的文化自信，就没有文化的繁荣兴盛，就没有中华民族的伟大复兴。我们必须推动中华优秀传统文化创造性转化、创新性发展，继承革命文化，发展社会主义先进文化。

中国特色社会主义文化，源自中华民族5000多年文明历史所孕育的中华优秀传统文化，熔铸于党领导人民在革命、建设、改革中创造的革命文化和社会主义先进文化，植根于中国特色社会主义伟大实践。发展中国特色社会主义文化，就是要以马克思主义为指导，坚守中华文化立场，立足当代中国现实，结合当今时代条件，发展面向现代化、面向世界、面向未来的，民族的、科学的、大众的社会主义文化，推动社会主义精神文明和物质文明协调发展。

### 一、革命文化的基本内涵和重要作用

革命文化是中国共产党和中国人民在长期的革命斗争实践中形成的、凝聚着共产党人和革命群众独特思想和精神风貌的文化，是中国共产党和中国人民在革命、建设和改革开放各个历史时期形成的精神追求、精神品格、精神力量。它既蕴含着丰富的革命精神和厚重的历史文化内涵，又植根于中华优秀传统文化、是社会主义先进文化发展的直接来源，在中华文明历史的长河中起到了传承、融合和发展、创新的作用。

在长期的革命斗争中，革命文化彰显了中国共产党人对理想信念的无比忠诚，凝聚了中国人民深沉的爱国情怀。在新的历史条件下，革命文化依旧是激励

中国人民矢志不渝、开拓进取的强大精神支柱，也是我们建立文化自信的重要精神资源。

革命文化对于无论是争取国家独立还是民族解放，都是有力武器。弘扬革命文化、传承红色基因，重温共产党人烽火岁月里的革命斗争精神，不仅是社会主义先进文化凝心聚力的精神纽带，而且是社会主义先进文化应对外来文化挑战的有力武器，是激发共产党人内在价值自省的先进文化思想源泉。

革命文化见证了“没有共产党就没有新中国”的历史，对于弘扬时代精神具有历史印证的价值功能；革命文化中凝练的共产党人自强不息的精神品格，在改革开放社会主义实践中得以传承，对于弘扬时代精神具有文明传承的价值功能；革命文化彰显的崇高思想境界和革命道德情操有利于红色革命精神深入人心，对于弘扬时代精神具有政治教育的价值功能。挖掘和弘扬革命文化的价值功能，传承革命文化基因，有利于巩固党的执政地位，更好地弘扬社会主义核心价值观，弘扬以爱国主义为核心的民族精神和以改革创新为核心的时代精神，不断增强全党全国各族人民的精神力量。

因此，研究开发革命文化的价值功能，有利于巩固党的执政地位，更好地弘扬社会主义核心价值观，弘扬以爱国主义为核心的民族精神和以改革创新为核心的时代精神，不断增强全党全国各族人民的精神力量。

弘扬革命文化，能够坚定我们的共产主义信念，增强爱国主义热情。否定革命文化、割断革命历史，必然会使人民思想混乱，最终丧失前进的动力。因此，我们必须深入挖掘、大力弘扬革命文化。

## 二、金寨县具有积淀深厚的革命文化资源

金寨县是全国著名的革命老区，是中国革命的重要策源地、人民军队的重要发源地，是鄂豫皖革命根据地的核心区、苏区建设的模范，是安徽省及大别山区抗日救亡运动的指挥中心、活动中心，是刘邓大军挺进大别山的重要目的地和解放军战略转移、解放全国的前进基地和巩固后方。自 1920 年 10 月燕子河燕西小学成立马克思主义学习小组开始，到 1949 年全境解放，金寨县革命红旗不倒，始终高高飘扬；从 1929 年 5 月 6 日立夏节起义（又称商南起义）开始，到 1949 年 10 月 1 日新中国成立，金寨县先后组建了 12 支主力红军队伍，革命星火在这里始终熊熊燃烧，并且燃遍全国。自从有了党的活动开始，金寨这块红色的土地上，就发生了一系列有着重大影响的革命战争和革命事件，孕育了一大批有着重大影响的政治家、军事家，留下了许多脍炙人口的红色诗词和歌谣。党领导金寨人民英勇奋斗的革命历程，是中国共产党发展历程的一个缩影。金寨人民在中国

共产党的领导下，为全国人民的解放事业英勇奋斗，用鲜血和生命谱写了壮丽的篇章，创造了不朽的业绩、铸就了伟大的大别山精神。汹涌澎湃的革命浪潮、艰苦卓绝的革命斗争、烂若星河的革命人物，给金寨县留下了丰富多彩、独具特色、内涵丰富、积淀厚重的红色文化资源。金寨——红色历史源远流长，红色基因丰富多彩，红色文化绚丽多彩。

## 三、加速革命文化研究开发、助力脱贫攻坚决战决胜的几点思考和设想

独特的县情、独特的优势，赋予金寨独特的担当：开发红色资源、传承红色基因、发扬革命传统、弘扬革命文化，我们责无旁贷、义不容辞。担当新时代的历史重任、发展新时期的文化事业、打响新金寨的亮丽品牌，我们使命光荣、重任在肩。如何“加速革命文化研究开发、助力脱贫攻坚决战决胜”，笔者有以下几点思考和设想。

**（一）要浓墨重彩地宣传中国革命文学的先驱者——蒋光慈**

蒋光慈（1901—1931 年），金寨县白塔畈镇白大村人，中国无产阶级革命文学的先驱者，作家、诗人。主要作品有诗集《新梦》、小说《少年漂泊者》《短裤党》《咆哮了的土地》等。他的许多作品出版后风靡一时，给当时许许多多在探索中的革命青年以巨大的影响。陶铸、习仲勋、胡耀邦等老一辈革命家都曾说，他们就是怀揣着《少年漂泊者》去参加革命队伍的。从某种意义上讲，弘扬革命文化离不开蒋光慈，宣传蒋光慈就是宣传金寨县，我们完全可以借助名人效应来提高金寨的知名度和美誉度。

**（二）要抓住关键，倾力做大金寨革命文化的亮丽品牌**

要认真研究、深入思考，从光荣的革命历史和灿烂的文化资源里挑选一些有影响、有潜力的品牌进行深度策划和集中包装，使其成为叫得响、擦得亮的金寨革命文化品牌，以此扩大金寨的影响力、吸引力，如鄂豫皖边区最成功的起义——立夏节起义、鄂豫皖边区规模最大的起义——六霍起义、金寨诞生的红色经典歌曲——《八月桂花遍地开》，红军虎将周维炯、两膺上将洪学智，金寨是中国革命的重要策源地、人民军队的重要发源地，革命红旗永远高扬的地方，红二十五军的直接诞生地、红四方面军的主要诞生地和红二十八军的战斗地、成长地、重建地，刘邓大军千里跃进大别山的重要目的地和实施战略转移的重要后方根据地，红军摇篮、将军故乡，治淮工程重点县、希望工程的发祥地，以及“坚贞忠诚、牺牲奉献、一心为民、永跟党走”的大别山精神，等等。

**（三）要全面发动，积极营造金寨革命文化的浓厚氛围**

要把推介革命文化资源、红色旅游的宣传牌和革命遗址遗迹、红色旅游景点的指示牌“竖起来”；要把宣传、推介红色旅游景点的分布图、示意图“晒起来”；要把红色革命遗址、遗迹“保起来”；要把大别山革命烈士陵园“修起来”；要把金寨县革命博物馆（改扩建项目）“建起来”；要把安徽金寨干部学院“强起来”；要把记述金寨革命历史和红色故事的旅游丛书“编起来”；要把富有金寨特色，能够吸引人、感染人、教育人的红色故事“讲起来”；要把能够反映金寨红色历史、吸附精彩故事的文物资料“展起来”；要把那些记载革命历史和红色故事的大别山民歌特别是《八月桂花遍地开》“唱起来”；要把独树一帜、特色鲜明的地方大戏“演起来”；要把反映金寨革命历史、宣传老区红色文化的影视作品、书画作品、音乐作品“写起来”；要把全党重视、全民参与的红色旅游发展环境“造起来”；要把推介金寨红色文化资源、宣传金寨革命历史的工艺品、纪念品、旅游产品设计出来、研发出来，并尽快地使其“热起来”“俏起来”；要把宣传金寨红色旅游，极具感染力、影响力、吸引力的推介促销活动“做起来”；上下齐心、合力营造独具特色、极具魅力的金寨革命文化浓厚氛围，以此拴心留人、集聚人气、吸引客商、引来项目。

**（四）要加速开发、充分发挥金寨革命文化的积极作用**

脱贫攻坚、实现小康是全党、全军、全国各族人民当前压倒一切的政治任务，各级各部门、各项工作都要紧紧围绕这项中心工作来开展。革命文化研究开发工作也不例外。作为红色资源大县、革命文化大县的金寨，一定要想方设法、采取积极措施，挖掘好、开发好、利用好革命文化资源，倾力打造革命文化名片、带动红色旅游发展，促进农民增收、助力脱贫攻坚。

1. 迅速明确新的工作思路和工作着力点

要紧紧围绕党的十九大关于革命文化研究开发工作的总体要求，集中精力、扎实苦干，着力加快“文化资源大县”向“文化工作强县”、“红色资源大县”向“红色旅游强县”的转变，在强力主攻党史研究、红色基因传承主业的同时，积极探索、努力走出一条加快传承红色基因、助力脱贫攻坚的新路子。

2. 把宣传和弘扬大别山精神作为突破口，积极传承红色基因

要教育和引导广大党员干部在脱贫攻坚中真抓实干、攻坚克难，进一步增强广大贫困户开发革命文化、助力脱贫攻坚的信心和决心。着力实施城乡红色提升工程，重点围绕山体、水系、道路命名、雕塑设计等相关内容，进一步注入和突出城乡红色元素，使“红色基因、革命文化”体现在城乡建设方方面面，充分发挥其潜移默化、资政育人的积极作用。

### 3. 加快研究开发革命文化产品，努力为全县的红色旅游和脱贫攻坚提供智力支持

要多出一些有关金寨革命文化的研究论文、宣传文章、专著图书等，努力为红色旅游提供源源不断的史料资料和多姿多彩的文学艺术作品，以此丰富旅游的内涵、提升旅游的层次、延伸旅游的链条。

### 4. 因地制宜地做好红色旅游景点的开发利用工作

尽快培育出革命文化带动经济发展、红色旅游助力脱贫攻坚的样板和典型。切实做好金寨县革命博物馆改扩建、八月桂花遍地开红色歌曲（文化）纪念馆和红四方面军纪念馆筹建的各项准备工作，尽快使之成为革命文化的传承地、红色旅游的目的地、增加收入的样板田、脱贫致富的好典型。

### 5. 借梯上楼求发展，借助外力齐攻坚

统一规划、分期实施、立即行动，当前要千方百计地做大做强、做响做亮“两源两地”“红军摇篮、将军故乡”“治淮工程重点县、希望工程的发祥地”“《八月桂花遍地开》诞生地”“大别山精神”等革命文化品牌，以此扩大金寨的知名度、美誉度、影响力、吸引力，促进引人引智、招商引资等工作，积极争取更加优惠、更加倾斜的政策支持、项目支持和资金支持，努力走出一条开发革命文化、助力脱贫攻坚的好路子。

（作者：胡遵远，原载《河东党校》2018 年第 2 期）

# 让红色文化资源放射出更加灿烂的光芒

## ——关于金寨县红色文化资源开发利用工作的几点思考

红色文化作为一种重要资源，包括物质资源和非物质资源两个方面。其中，物质资源表现为遗物、遗址等革命历史遗存与纪念场所；非物质资源表现为包括井冈山精神、长征精神、延安精神、大别山精神等在内的红色革命精神。它是以红色革命道路、红色革命文化和红色革命精神为主线的集物态、事件、人物、精神于一体的综合体，可以分为“人、物、事、魂”四个方面：“人”是在革命时期对革命有一定影响的革命志士和为革命事业牺牲的革命烈士；“物”是革命志士或烈士所用之物，也包括他们生活或战斗过的革命旧址和遗址；“事”是有重大影响的革命活动或历史事件；“魂”则是指革命精神，也称红色精神。

红色文化资源具有历史印证、文明传承、政治教育、经济开发等四个方面的独特价值功能。也有人从文化价值和社会功能方面研究得出：红色文化资源具有不可替代的教化作用、传承作用、凝聚作用、规范作用、导向作用、激励作用和动力作用。既有历史价值，也有现实价值；既有社会价值，又有经济价值；既有政治价值，又有文化价值、精神价值。我们应该高度重视、切实加强研究、开发、宣传利用等各项工作，让红色文化资源在新时代政治文化建设中放射出更加灿烂耀眼的光芒。

安徽省金寨县是中国革命的重要策源地、人民军队的重要发源地，是中国工农红军第一县、全国第二将军县。土地革命战争时期，金寨是红二十五军的诞生地，红四方面军的重要发源地，红二十八军的成长地、战斗地、重建地，是鄂豫皖革命根据地的核心区；抗日战争时期，金寨是安徽乃至鄂豫皖边区抗日救亡运动的领导、指挥中心；解放战争时期，金寨是刘邓大军千里挺进大别山的主要目的地和实施战略转移的重要后方根据地。新中国成立后，金寨人民为了响应毛主席“一定要把淮河修好”的伟大号召，再次奉献出包括县城金家寨在内的 3 大经济重镇和 10 万亩良田、14 万亩经济林，10 万群众在只有很少补偿的情况下，主动告别世代繁衍的家园，移居深山。改革开放以来，金寨老区人民积极响应国家关于加强生态文明建设的号召，不断完善生态保护工作机制，努力提升生态环境和生态质量，着力优化生态空间布局，强力推进生态经济发展和资源节约利用，积极改善生态生活环境。为了使祖国的天更蓝、水更清、人间更美好，金寨人民一直在默默地牺牲着、奉献着。长期的革命斗争、伟大的革命实践，使金寨产生并留下了丰富多彩、积淀深厚的红色文化资源。

可以说，金寨是安徽省乃至全国的红色文化资源大县，承载的革命历史灿烂辉煌、蕴含的红色基因积淀深厚，开发和利用这些红色文化资源基础很好、潜力巨大。

2016年4月24日，习近平总书记亲临金寨视察，不仅对老区人民为中国革命和建设作出的巨大牺牲和贡献给予了充分肯定和高度赞扬，而且对红色文化资源的开发利用、红色基因的传承弘扬工作都作出了重要指示，总书记满怀深情地说："一寸山河一寸血、一抔热土一抔魂。在过去的烽火岁月里，金寨人民以大无畏的牺牲精神，为中国革命事业建立了彪炳史册的功勋。我们要沿着革命前辈的足迹继续前行，把红色江山世世代代传下去。革命传统教育要从娃娃抓起，既要注重知识灌输，又要加强情感培育，要使红色基因渗进血液、浸入心扉，要引导广大青少年树立正确的世界观、人生观、价值观。"

三年来，金寨县认真贯彻落实习近平总书记的重要讲话精神，高度重视、切实加强红色文化资源的研究、开发、宣传、利用等各项工作，将其摆上更加突出的位置，立足自身优势、创新方式方法，集中人力精力、务实扎实工作，使其在新时代的政治文化建设中发挥出独特的价值功能和巨大的作用效益，开创了工作的新局面，谱写了发展的新篇章，成绩非常显著，效果非常明显。

随着红色文化资源研究开发利用工作的深入推进，红色金寨的名声越来越大、影响越来越广，随之而来的人流、物流、资金流、信息纷至沓来，金寨迎来了前所未有的发展势头和喜人局面，红色文化的引领作用、促进作用，带动人民群众脱贫致富奔小康的作用越来越大、越来越明显，不仅使金寨的红色文化开始火起来、热起来，而且促进了全县旅游经济和县域经济社会的大发展、快发展。

新时代、新形势、新任务、新担当！习近平总书记多次在不同场合、不同地点反复强调，"革命传统资源是我们党的宝贵精神财富，每一个红色旅游景点都是一个常学常新的生动课堂，蕴含着丰富的政治智慧和道德滋养"，"要把这些革命传统资源作为开展爱国主义和党性教育的生动教材，引导广大党员干部学习党的历史，深刻理解历史和人民选择中国共产党的历史必然性，进一步增强走中国特色社会主义道路、为党和人民事业不懈奋斗的自觉性和坚定性，永葆共产党人政治本色"。

习近平总书记所说的革命传统资源实际上就是我们这里所说的红色文化资源。总书记说，无数革命先烈留下的优良传统是激励我们永远前进的宝贵财富，任何时候都不能丢。对于红色文化资源，我们既要注重有形遗产的保护，又要注重无形遗产的传承，大力弘扬红色传统。

下一步，如何进一步发挥自身优势、做好红色文化资源的研究、开发、利用工作？如何进一步做好红色基因的传承与弘扬工作？金寨在深入调研、认真思考、多方论证的基础上，拟定了“立足资源闯新路，发挥优势塑特色，万众一心聚合力，举县而为创佳绩”的总体工作思路，决心通过八种途径来进一步做好这些工作。

## 一、走领导保障之路，做到高度重视、再提位置

县乡各级、各部门各单位都要把加快红色文化资源的开发利用、红色基因的传承弘扬工作作为党委、政府和各级领导班子的一项重要工作摆上议事日程、摆上更加突出的位置；要在人员配备、资金安排、阵地建设等各个方面给予充分保障；要遵循规律、讲究科学，从基础和源头做起，广泛开展红军文物征集活动，认真做好文物资料整理、挖掘工作，精心编纂红色故事、充分发挥各类文物资料的功能作用；要着力解决制约发展的人才瓶颈问题，拿得出钱、舍得给待遇，千方百计地吸引人才、留住人才；要努力探索红色文化研究开发与经济社会发展的结合点，让红色文化助力脱贫攻坚、促进经济社会发展。

## 二、走部门服务之路，做到加强研究、形成支撑

坚持研究与开发并重、开发与利用并举、传承与弘扬同步、弘扬与教育齐抓的原则，深入研究“两源两地”理论，深入研究红四方面军、红二十五军、红二十八军历史，深入研究鄂豫皖革命根据地、川陕革命根据地、豫陕革命根据地的历史，深入研究金寨的红色文化、以蒋光慈为代表的革命文化和蕴含丰厚的大别山精神，着力为全县红色文化资源开发利用、红色基因传承与弘扬做好指导服务、智力支撑。

## 三、走教育优先之路，做到列入教材、突出重点

充分调动宣传、教育、群团等社会各界、方方面面的积极性主动性，认真编纂《金寨红色教育读本》等特色教材、乡土教材，开设专门的课程、固定必要

的时间，采取灵活多样的方式、喜闻乐见的形式，寓教于乐、寓学于乐，把红色基因送到孩子们的心头。

学校是加强未成年人思想道德建设、传承红色基因的主阵地、关键点，一定要把它作为重中之重、紧抓不放、着力狠抓，扎实做好各项工作。

## 四、走系列发展之路，做到多式并举、梯次开发

集中人力、物力、财力、精力，通过采取多种渠道、不同方式，研究开发一些利用红色文化资源、弘扬大别山精神的系列产品、拳头产品，切实做好红色基因的传承与弘扬工作。

第一，撰写发表红色文章。组织人员研究、撰写和发表有关红色金寨的理论文章、调研报告以及能够体现和反映大别山精神的文学艺术作品等。

第二，编纂出版红色书籍。做好红色基因传承与弘扬工作的方法和路径有很多，但最行之有效的方法还是写好、编好、讲好、传播好红色故事，用一个个鲜活的故事来吸引人、打动人、感染人、教育人、引导人、激励人。要突出编好以红色故事为主题的各类书籍，要让金寨人民和全国人民了解金寨的红色历史，特别是那段风云激荡的年代里发生的一段段真实感人的历史事件。生动的故事，比单纯的人物和事件介绍要好得多，更容易被接受。金寨 22 年革命武装斗争持续不断、28 年革命红旗始终不倒，无论在土地革命时期，还是在抗日战争和解放战争时期，都有丰富的红色故事素材，徐向前、刘伯承、邓小平、洪学智等一大批党和国家的领导人都在金寨战斗过、生活过。立夏节起义、刘邓大军千里跃进大别山、中原突围等一个个惊心动魄的战斗在这里发生。金寨的英雄人物和事迹很多，要精选一些有代表性的人物和事迹进行编纂，使之成册成书，通过红色故事来普及红色历史，把红色金寨和大别山精神宣传出去、传播开来。

第三，及时开办红色讲堂。金寨革命历史中发生的红色故事感人肺腑、催人奋进，蕴含着对国家前途命运的担忧、对人生价值的思考、对自由平等理想的追求。可以通过举办红色历史、红色文化大讲堂，把一个一个故事搬上讲台，展现在人们面前，传播社会正能量。可以采取演讲比赛、红色故事大家讲、专家学者授课、录制视频影像资料等方式，让红色历史穿越时空、来到当前，让历史人物和历史事迹在讲台上、荧幕上活起来动起来，让人们在参与中了解和认识金寨的红色历史，通过自身的感情和体会去理解老一辈无产阶级革命家为了理想和信念那种执着和不怕牺牲的革命精神。

第四，着力打造教育基地。各级党校是传播党的思想的主阵地，党校培训除

了培训理论知识以外，更要注重加强学员的党性教育和党性锻炼。红色教育基地就是加强学员党性修养的理想场所，要倾力支持、大力协助金寨干部学院精心打造一批党性教育基地，让学员走出课堂、走进现场，通过进行现场教学，增强学员的理想信念，在思想上牢固树立起宗旨意识、大局意识、看齐意识和核心意识。

## 五、走中心牵动之路，做到围绕主题、开展活动

结合一些关键的时间节点、重要的历史事件，分年度、分时段地明确一定的主题，开展系列纪念活动，以此增强效果。比如，前几年，围绕纪念抗日战争胜利 70 周年、红军长征胜利 80 周年、中国人民解放军建军 90 周年这些主题，开展纪念征文、演讲比赛、文艺演出、书画比赛、纪念大会等不同形式、灵活多样的纪念活动，扎实做好红色文化资源的开发利用、红色基因的传承与弘扬等各项工作。

深入贯彻习近平总书记系列重要讲话特别是视察金寨县的讲话精神，积极开展大别山精神宣传活动，扎实开展送红色基因“进机关、进学校、进社区、进乡村、进企业、进军营、进网络”活动，紧紧围绕立夏节起义、六霍起义胜利 90 周年，红四方面军、红二十五军组建 90 周年，鄂豫边、豫东南、皖西及鄂豫皖革命根据地创立 90 周年这些主题，逐年认真组织开展一些系列纪念活动，着力营造全县重视、全民参与的红色文化发展氛围，真正做到“红色信念牢牢记、红色故事人人讲、红色基因代代传”。

## 六、走宣传促销之路，做到广泛宣传、积极推介

一方面要大张旗鼓地、广泛深入地对县内进行宣传。要通过不同渠道、不同形式，把金寨的红色文化资源向金寨人民讲清楚、送到家，使之家喻户晓、人人明白，让人们在潜移默化中不知不觉中接受、吸收、传播、弘扬。

另一方面要浓墨重彩地、持之以恒地对县外进行推介。要通过撰写文章、编纂图书、拍摄影视剧、制作新媒体作品等各种方式方法，集中时间、集中精力、坚持不懈地、连续不断地对外进行推介，让金寨的红色文化资源动起来、走出去。宣传和弘扬红色文化资源，最忌一曝十寒、歇歇停停、断断续续，要制订活动计划、成立专抓组织，要灵活方式方法，要坚持常抓不懈、紧抓不放，真正地把开展这项活动的措施搞硬、氛围搞浓、活动搞实、效果搞好。

## 七、走全面发动之路，做到多路并进、炒浓氛围

第一，把红色文化资源的宣传牌、革命遗址遗迹、红色旅游景点景区的指示牌“竖起来”。有计划、分步骤、科学合理地在高速路、国省道以及通往景区的公路沿线，增设一批宣传金寨红色文化、红色旅游资源及其规划、景点、意义、作用、成效等方面的宣传牌，内容要言简意赅、通俗易懂，便于理解、便于记忆，努力使过往行人、入境游客一看见就能够产生一种“向往大别山、入驻金家寨”，过目不忘、终生难忘的感觉。

第二，把宣传、推介革命遗址遗迹和红色文化资源的规划图、示意图“晒起来”。在县乡政府所在地和各旅游景点景区的入口地带，把全县的革命遗址遗迹和红色文化资源的规划图、示意图放大张贴起来，使入境游客能够更多地了解大别山，知道金家寨有着众多的革命遗址遗迹和丰富的红色文化资源，尽可能地让他们产生一种“看了这、丢了那”“顾此失彼”“心存遗憾”的感觉，促其产生故地重游的意愿。

第三，把记述大别山革命历史和红色故事的文化丛书“编起来”。要成立组织、编制计划、落实人员，迅速启动红色历史和红色故事文化丛书的编写工作。要充分挖掘、广泛搜集，力争在每一个红色景点都能够发掘、编写三个以上内容丰富、情节曲折、具有一定感染力和吸引力的小故事，并且分景区或分乡镇地编纂成书（或册），为当地干部群众、讲解员、导游员提供准确的讲述依据。

第四，把富有地方特色，能够吸引人、感染人、教育人的红色故事“讲起来”。在搜集、整理、编辑成书的同时，要组织景区的干部、职工、讲解员、导游员读故事讲故事，通过开展讲解培训、业务竞赛等多种活动，不断提高讲解员、导游员的讲解水平。同时，还要尽可能地让他们多了解和掌握一些“故事背后的故事”和一些“与故事有关的故事”，让各类参观人员和游客能够从他们那通俗易懂的、感人肺腑的故事讲述中汲取红色基因、接受传统教育、传承和弘扬大别山精神。

第五，把能够反映各地红色历史、吸附精彩故事的文物资料“展起来”。要依据各地现有革命遗址遗迹的陈列室、展览室、博物馆、纪念馆，通过新建、维修、提高、完善等措施，推出一批上档次、上水平的展示展览平台，及时地将那些带有故事色彩，能够还原历史面目的文物资料展出来，努力给游客一种身临其境、历历在目的真实感觉，切实增强大别山精神的真实感和吸引力。

第六，把记载革命历史和红色故事的金寨民歌“唱起来”。鄂豫皖地区在大革命时期编创了大量的革命历史歌曲、歌谣，有的还产生了较大影响、传唱全

国，比如歌曲《八月桂花遍地开》等。要组织相关人员对其进行搜集、整理，并采取适当的方式方法，使其从“沉睡”中“觉醒”，让相关人员特别是讲解员、导游员一定要知道、了解、会讲、会唱大别山民歌。

第七，把独树一帜、特色鲜明的地方大戏“演起来”。金寨的花鼓灯、大别山民歌形式多样、内容丰富，很有特色，又有影响。要组织专业人员进行挖掘、整理、完善、提高，在不同的乡镇、不同的景区排练一些各具特色的“大戏”，争取每晚都能给游客们演上一出“大戏”（至少是每周一次），使其充分发挥凝聚人气、扩大影响、传承红色基因的独特优势。

第八，把反映金寨革命历史、宣传大别山精神的影视作品、书画作品、音乐作品“写起来”。金寨的红色历史灿烂辉煌、革命故事众多感人，大别山精神内涵丰富、意义深远，大别山人民为中国革命和建设作出了不可磨灭的贡献，值得挖掘、值得讴歌、值得写进影视作品与诗词歌赋、值得以其为原型进行艺术创作的人和事都很多，要进一步加强领导、加大投入，组织专门力量深入村组、农户进行采访、搜集、挖掘、创作，用心打造、用力推进，力争在短期内推出一批精品力作，通过艺术的形式，再现金寨的革命历程、展示金寨的红色历史、传诵金寨的红色故事、弘扬金寨的革命精神，力争把反映“红色金寨”的影视作品、书画作品、音乐作品打造成文艺创作的精品、文旅结合的样板。

## 八、走融合发展之路，做到抓好结合、搞好融合

坚决摒弃那种“酒香不怕巷子深”的传统观念，积极开展宣传推介活动，把红色文化资源的开发利用、红色基因的传承与大别山精神的弘扬同红色旅游的推介促销活动紧密地结合起来。大力宣传金寨是全国爱国主义和革命传统教育基地、全国红色旅游目的地、红色旅游带动革命老区扶贫开发和振兴发展的示范地；大力宣传金寨革命烈士陵园、金寨县天堂寨刘邓大军千里跃进大别山前方指挥部旧址等红色旅游重点景区；大力宣传以梅山、响洪甸两大水库为重点的水利枢纽工程为代表的淠史杭工程；积极推介以安徽金寨干部学院（金寨县委党校）为龙头，相关红色景点景区组成的全国爱国主义、革命传统和党员领导干部党性实践教育的精品线路；强力推进红色、绿色、古色等各种旅游产品的融合发展、联动发展。依托合武高速公路和沪汉蓉高速铁路，促进沿途的红色旅游同天堂寨5A级景区绿色旅游的联动发展；依托六安茶谷，促进区内红色旅游和绿色旅游联动发展；整合相关相近的红色、绿色和古色旅游，促其实现联动发展。坚持把红色文化资源的开发利用同红色旅游与美丽乡村建设、乡村旅游发展、特色旅游小镇培育紧密地结合起来，实现共同发展。统筹推进革命旧址遗迹修缮维护、集

镇基础设施建设和环境综合整治，把红色元素融入各项建设之中，倾力打造南溪、汤家汇等一批红色旅游小镇，依托周边乡村景观和交通区位优势，发挥红色文化资源开发利用、红色文化景点的核心带动作用，重点打造麻埠镇响洪甸村等一批红色主题鲜明的乡村旅游集聚区。

同时，面向全国征集、评选一批能够使红色金寨、红色品牌和大别山精神响起来、亮起来、火起来的广告语、广告片，在中央媒体上“落地生根”、长期播放，使其开花结果、早见成效。

我们坚信，随着时间的推移、时代的发展，金寨的红色文化资源必将在推进老区经济社会更好更快的发展进程中发挥更大的作用，必将在建设中国特色社会主义的伟大进程中焕发出更加旺盛的生机与强大的活力，必将在实现中华民族伟大复兴的历史进程中发挥出更加独特的价值功能和巨大的效益收益。

（作者：胡遵远，原载《扶贫开发》2019 年第 4 期）

# 利用红色资源　发展红色旅游

## ——金寨县红色资源利用工作的调查与思考

2020年2月23日，习近平总书记在统筹推进新冠肺炎疫情防控和经济社会发展工作部署会议上强调指出，这次新冠肺炎疫情不可避免地会对经济社会造成较大冲击。越是在这个时候，我们越是要用全面、辩证、长远的眼光来看待我国的发展，越要增强信心、坚定信心。综合起来看，我国经济长期向好的基本面没有改变，疫情的冲击是短期的、总体上是可控的。习近平总书记还就有序复工复产提出了8点具体要求。目前，举国上下都在按照习近平总书记的要求，有序恢复生产生活秩序，强化“六稳”举措、加大政策调节力度，努力把我国发展的巨大潜力和强大动能充分释放出来，坚决完成脱贫攻坚任务，确保全面建成小康社会。

贯彻落实习近平总书记的要求、统筹推进经济社会发展，各级各部门正在紧密结合自身实际、深入开展调查研究、相继出台办法措施。笔者认为，对于许多革命老区和贫困地区来说，开发利用红色资源、加快发展红色旅游则是夺回疫情损失、统筹发展工作的一副灵丹妙药，也是巩固脱贫成果、加快小康建设的一种有效之举。

很多研究都表明：红色资源不仅具有历史印证、文明传承、政治教育、经济开发等价值功能，还具有教化作用、传承作用、凝聚作用、规范作用、导向作用、激励作用和动力作用。既有历史价值，又有现实价值；既有社会价值，又有经济价值；既有政治价值，又有文化价值、精神价值。我们应该高度重视、切实加强红色资源的开发、红色旅游的发展等相关工作。

### 一、安徽省金寨县是中国革命的重要策源地、人民军队的重要发源地，红色资源积淀深厚、开发利用成效明显

金寨县位于鄂豫皖三省接合部、大别山腹地，是中国工农红军第一县、全国

第二将军县。土地革命战争时期，金寨是红二十五军的诞生地、红四方面军的主要发源地、红二十八军的二次重建地，是鄂豫皖革命根据地的中心区。抗日战争时期，金寨是安徽乃至鄂豫皖边区抗日民主救亡运动的指挥中心。解放战争时期，金寨是刘邓大军千里挺进大别山的主要目的地和实施战略转移的重要后方根据地。新中国成立后，金寨人民为了响应毛主席“一定要把淮河修好”的伟大号召，再次奉献出包括县城金家寨在内的三大经济重镇和 10 万亩良田、14 万亩经济林，10 万群众在只有很少补偿的情况下，主动告别了世代繁衍的家园，移居深山。改革开放以来，老区人民积极响应国家关于加强生态文明建设的号召，着力改善生态生活环境。为了使祖国的天更蓝、水更清，金寨人民一直在默默地牺牲和奉献。长期的革命斗争、伟大的革命实践，使金寨产生并留下了丰富多彩的红色资源。

2016 年 4 月 24 日，习近平总书记亲临金寨县视察指导工作时，不仅对老区人民为中国革命和建设作出的巨大牺牲和贡献给予了充分肯定和高度赞扬，而且对红色资源的开发利用、红色基因的传承弘扬作出了重要指示。总书记满怀深情地说：“一寸山河一寸血、一抔热土一抔魂。回想过去的烽火岁月，金寨人民以大无畏的牺牲精神，为中国革命事业建立了彪炳史册的功勋。我们要沿着革命前辈的足迹继续前行，把红色江山世世代代传下去。革命传统教育要从娃娃抓起，既要注重知识灌输，又要加强情感培育，要使红色基因渗进血液、浸入心扉，要引导广大青少年树立正确的世界观、人生观、价值观。”

几年来，金寨县认真贯彻落实习近平总书记的重要讲话精神，高度重视、切实加强红色资源的研究、开发、宣传、利用等各项工作，开创了工作的新局面、谱写了发展的新篇章，成绩非常显著、经验弥足珍贵。

**（一）提上新高度、摆上新位置，成立专抓组织、整合专抓队伍**

习近平总书记亲临视察后，金寨县迅速调整，及时成立并完善了党史工作领导组、红色资源保护利用领导组、红色旅游发展领导组等相关议事协调机构。各组均由县委或县政府主要领导任组长、分管领导任副组长、相关部门负责人任成员，着力建设高规格、快节奏、敢担当、善决策的领导组织。同时，将县委党史研究室、地方志办公室、档案局（馆）、革命博物馆整合在一起，成立金寨县党史县志档案局。几年来，该局定位高远、思路清晰、工作扎实、成效显著。

**（二）着眼新形势、研究新对策，摸清自身家底、编制发展规划**

几年来，面对日益变化的新形势和逐步出台的新规划，金寨县集中时间、抽调人力、拿出资金，通过自下而上、反复多次地摸底和核查，弄清了自身的资源情况。在此基础上，通过深入思考、广纳民意、专家论证等方式，先后编制了

《金寨县革命旧址文物保护规划》《金寨县2017—2019三年文物保护计划》及《金寨县红色国家5A级旅游景区创建规划》等多项规划。在编制过程中，始终坚持“因地制宜、实事求是，突出特色、打造亮点，集中力量、主攻重点，一次规划、分步实施”的原则，着力为全县红色资源的保护利用、开发建设提供了一个基本的遵循，确保各项建设有据可查、有章可依、有条不紊。

**（三）实施新战略、构建新机制，灵活方式方法、集聚建设资金**

打破传统观念、引入竞争机制，着力营造一种对上争资、对外引资、对内聚资，以资源引资金、以服务换项目的融资聚资“大平台”。仅2019年，金寨县就向上争取革命文物保护维修资金5637万元。

**（四）厘清新思路、建设新项目，突出开发重点、加快利用步伐**

严格按照“新项目抓建设，老项目抓提升，珍贵资源抓保护”的工作思路，编制项目计划、加大资金投入、落实保障措施，力促保护利用两项工作齐头并进、相互促进、相得益彰。据统计，近几年，金寨县投入资金3.5亿元，建成了安徽金寨干部学院（党校）三期、立夏节起义旧址（丁埠大王庙）等重点项目；争取投资1347万元，实施了金寨县革命烈士陵园基础建设项目；投资1.5亿元，推进了桂花公园建设项目。

**（五）出台新举措、畅通新渠道，强化技能培训、提高服务质量**

制定倾斜政策，扶持民营经济，鼓励景区沿线和景点周围的贫困户与农民群众，依托红色资源，走旅游路、发旅游财。通过金寨职业学校、农业技术推广中心、各种专业协会不断加大技能培训力度，着力增强人民群众发展红色旅游的知识本领，让红色旅游成为绿色发展的重要补充和有力支撑。

**（六）面向新时代、营造新优势，加强沟通衔接、集聚发展合力**

千方百计地把红色元素引进、渗入公路交通、城镇建设、水利兴修、文化、教育、卫生等各个领域、各个环节，着力营造“乡乡有建设项目、村村有发展氛围、户户有红色元素”的良好环境，在道路交通、市政建设、河堤维护等多个方面，启用红色符号、建设红色雕塑、炒浓红色氛围，着力加快红色资源的开发利用步伐。

**（七）打响新品牌、树立新形象，发挥资源优势、促进经济发展**

近几年，金寨县紧紧抓住“中国工农红军第一县”“两源两地”（中国革命的重要策源地、人民军队的重要发源地）等一批新的红色品牌，通过举办全国性的征文、理论研讨，深入开展丰富多彩的系列活动，着力打造新品牌、营造新优势，扩大知名度、增强吸引力。与此同时，切实加大县内红色资源的研究开发力度，通过写文撰稿、编书出书、广泛宣讲等系列活动、多种措施，坚持不懈地把红色金寨宣传出去，把红色基因送到田间地头、送进千家万户。

特别值得一提的是，几年来，面对脱贫攻坚的严峻形势，金寨县积极探索、大胆尝试，充分发挥自身优势、千方百计地挖掘红色资源的潜在价值，力促“红色开发”助力脱贫攻坚，力促“红绿结合”加快经济发展。

一方面，金寨县认真总结凝练大别山精神表述语，用大别山精神来坚定广大干部群众脱贫攻坚的信心和决心，用大别山精神来调动广大干部职工决胜脱贫攻坚的积极性、主动性、自觉性。几年来，金寨县认真开展“大别山精神研讨、宣讲、传承、弘扬”系列活动，带领广大干部群众学习革命先烈的坚定信念、顽强意志，从精神上战胜贫困、树立必胜信心；学习革命前辈出生入死、建功立业的斗志和勇气，教育群众立足自身、从我做起，找准致贫原因、选准脱贫之路，用勤劳的双手、科技的力量，发展生产、务工就业、增加收入、实现脱贫；学习广大红军将士和老区人民牺牲奉献、一心为民的高尚品质，切实增强干部职工驻村扶贫、结对帮扶的责任心、紧迫感，让他们带着感情结对子、扑下身子抓扶贫，真正把精准扶贫的各项措施落到实处。几年来，全县有13000多名干部职工积极参与结对帮扶工作，主动帮助结对贫困户选路子、筹资金、送科技、上项目，真心实意地帮助结对贫困户发展生产挖穷根；500多名驻村扶贫工作队员吃住在村组、战斗在第一线，与贫困群众打成一片、带领群众攻坚克难，谱写了一曲曲万众一心抓脱贫、众志成城齐攻坚的壮丽凯歌。

另一方面，金寨县充分挖掘红色资源潜在的经济价值、大力发展红色旅游，努力带动全域利用大发展，让广大群众吃旅游饭、发旅游财、走致富路。几年来，金寨县精心编制了红色旅游发展规划，建设了一大批与发展红色旅游相配套的道路、交通、供电、供水、文化、教育、卫生、环保等项目，着力优化投资环境，不断夯实发展基础，努力以红色资源开发利用促进红色旅游发展，以红色旅游发展引领绿色旅游、带动乡村旅游、助推全域旅游的快速发展。在此基础上，放手发展、大力扶持旅游区、公路沿线的贫困群众重点发展乡村旅游和农家乐项目，鼓励群众发展旅游产业、增加现金收入、实现脱贫致富。

随着红色资源开发利用工作的深入推进，老区金寨的红色氛围越来越浓、功能越来越强，红色旅游的名声越来越大、影响越来越广，不仅加快了旅游业的发展，而且促进了第三产业的繁荣，增加了农民收入、加快了脱贫步伐，全县呈现出前所未有的发展势头和喜人局面。资料显示，2019年全县共接待各类游客1206万人次、创综合收入46亿元，分别比2016年的754万人次、30亿元增长59%和50%以上。据测算，几年来，全县有20多万人直接或间接地分享了发展红色旅游带来的红利。到2019年底，金寨县仅剩下贫困人口1039户、1846人，贫困发生率下降至0.31%。2020年，他们将告别贫困、实现小康。

## 二、加快革命老区红色资源开发利用工作的思考与建议

应该说，金寨县是红色资源大县，也是红色资源保护利用工作强县。但是，这些与其所拥有的“两源两地”的重要位置相比，差距还是比较明显。从工作的角度看，笔者认为主要存在五个方面的问题：资源保护的力度不够大，开发利用的办法不够多，品牌打造的程度不够深，融合发展的渠道不够宽，体制机制的运转不够畅。

笔者认为：这些问题金寨存在，其他一些革命老区同样也存在，甚至是“有过之而无不及”，在市级、省级层面上，同样也存在一些困难和问题。如何抓好革命老区的红色资源保护利用工作？怎样才能让红色资源成为革命老区夺回疫情损失、统筹发展工作的一副“良方妙药”，成为老区人民巩固脱贫成果、加快小康建设的一种有效之举？对此，笔者进行了认真思考，现提出以下意见和建议。

**（一）要在革命老区红色资源开发利用工作的自身方面，不断拓展新思路、实施新方略、寻求新突破**

加强红色资源保护传承、开发利用，是新时代十分重大的政治责任和铸魂工程。习近平总书记高度重视、反复强调，要把红色资源利用好、把红色传统发扬好、把红色基因传承好。金寨和大别山区乃至全国各地的革命老区都应该充分发挥红色资源优势、切实做好红色基因传承工作，为巩固脱贫成果、加快小康建设、推动老区快速发展而提供坚实的思想基层和不竭的力量源泉。

1. 要进一步强化红色资源保护

尽快启动红色资源的新一轮普查，全面掌握红色文化资源的存量、类型、特点、价值等，摸清红色资源家底，编印红色文化资源图表，建立完整的红色资源档案库、基础信息数据库，推动红色遗产数字化保护。根据普查情况，尽快制定红色资源保护和利用总体规划，根据红色遗址遗迹的历史地位、价值、损毁程度，制定近、中、长期保护利用建设目标。加大红色遗址遗迹保护巡查排查力度，实施革命旧址维修保护行动计划和馆藏革命文物保护修复计划。坚持“保护为主、抢救第一、合理利用、传承发展”的原则，正确处理遗址遗迹保护与城镇规划建设、红色基因传承与经济社会发展的关系，使红色遗址遗迹在保护中得到利用，在开发中得到保护。

2. 要进一步深化红色研究创作

组织专业人员对红色资源进行梳理，整理出按照时间、人物、事件的完整的

红色脉络。成立红色研究会，加强对红色资源的研究阐释，集中力量研究总结本地红色史实，编撰权威的文史资料，全面客观地还原革命历史事实，特别要重视对新四军历史、红军抗战历史和当地红色专项史料的系统搜集和研究利用，做好大别山红色歌谣、民间故事和红军轶事等资料的搜集整理，充实和丰富红色资源。加强鄂豫皖区域红色研究联动协作和信息共享，定期开展学术交流，形成整体合力。深入挖掘、创作和制作彰显地方红色特质的文艺和影视作品。积极整理和转化本地红色资源，鼓励将其作为教学资源进行研究开发，编印不同教育层次的红色教材和教育读本。推动红色爱国主义教育基地、党史教育基地和红色研学基地建设，建立现场教学点，把红色引入高校青年思想政治课堂和中小学生乡土教育课堂。

3. 要进一步优化红色产品供给

加强对红色资源的开发与整合，构建具有金寨特色的红色长廊。高度重视、积极支持“两源两地”红色5A景区、花石大湾红色4A景区创建工作。优化、串联全县旅游重点景区景点，精心设计、包装、推出“红色金寨”山水游、生态游、民俗游、人文游等系列精品路线，打造以红色为核心的复合型旅游产品。拓展红色景区教育功能，整合提升战斗遗址、革命旧址群、名人故居、纪念馆与烈士陵园等红色教育瞻仰系列旅游产品。积极拓展红色节庆会展、红色修学研学、红色休闲养生等新型业态旅游产品。启动实施红色场馆布展提升工程，建立展陈内容和解说词研究审查制度，谋划建设“红四方面军”“八月桂花遍地开”“金家寨抗日”等专题纪念馆，开设“中原突围”“金刚台妇女排”“水库移民”“希望工程”等特色专题专馆。推进“互联网+革命文物”，对革命文物进行全景式、立体式、延伸式展示宣传，借用多媒体旅游电子沙盘、3D虚拟旅游系统、幻影成像系统等新型展示方式手法，重新构建红色叙事中的历史。编印《红色金寨旅游指南》，开发大别山红色旅游助手App，提供便捷服务，提升旅游体验。突出金寨红色旅游主题形象，设计个性化红色旅游纪念品。持续做好红色旅游景区及景区周边的环境治理，完善道路、景区标识系统、停车场、旅游厕所等基础设施建设，建设一批功能齐全、配套完善的旅游服务综合体。

4. 要进一步推进红绿融合发展

凸显红色旅游的兼容功能，一体化推进红色旅游与绿色生态、古色文化、民俗风情、休闲养生等产业联动发展。发挥区位、交通优势，统筹革命旧址遗迹修缮维护、场馆改造升级、集镇基础设施建设和环境综合治理，推进红色旅游与乡村振兴、特色小镇、美丽乡村配套建设，全力推动红色小镇建设。发挥红色景区景点的核心带动作用，依托周边乡村景观和区位条件，打造红色主题鲜明的乡村旅游集聚区，实现跨行业协同发展。充实提升天堂寨、万佛湖、横排头周边红色资源利用，推动红色生态旅游观光、养生养老度假示范基地建设。积极参与鄂豫皖三省六市大别山红色旅游全方位协作，对相关红色资源进行战略重组，指导形成、共同推广大别山红色旅游精品线路，构建大别山红色旅游精品圈，共建信息平台、共推红色品牌、共创区域市场。放大红色旅游的社会效应，加强红色后代的联谊联络，扩大旅游扶贫社会参与度，加快旅游富民的步伐。

5. 要进一步加强旅游推介促销

实施红色资源品牌化战略，全力打造“金寨红色风情之旅”品牌，以“两源两地，将军故里”为特色红色品牌，设计打造金寨红色旅游 IP，倾力将金寨打造成为全国红色旅游标杆县区。将红色旅游宣传纳入外宣工作布局，加强在央视等媒体宣传，加大网络、新媒体和移动客户端营销力度；制订实施“互联网+红色旅游”行动计划，拓展红色旅游电子商务；举办红色旅游主题推介会、红色展览会，发布红色旅游经典线路，组织红色宣讲队伍进机关、进学校、进社区、进企业，宣讲红色故事，拓展红色旅游客源群体。开展红色论坛、红歌大赛、红色知识竞赛、诵读红色经典等主题活动，支持红色影视基地建设和红色影视作品、红色舞台剧目创作制作；依托重点红色旅游景区，打造金寨红色旅游演艺精品。结合城市文化品位提升工程和城市旅游功能提升工程，在城区广场、公园、学校等公共场所，修建红色雕塑，展示红军石刻标语、红军历史故事等，加大“红色书屋”建设力度，在图书馆、展览馆、纪念馆等地建设红色主题书屋，推动红色文化传播，营造浓厚红色氛围。

**（二）要着力营造有利于革命老区红色资源开发利用工作的良好环境和有利条件**

一要强化学习意识，切实解决少数人“认识不够到位、措施不够有力”的问题。二要树立“一盘棋”思想，切实解决“各种规划、计划不够衔接、不相匹配”的问题。三要加强诚信建设，切实解决“少数优惠政策不能兑现、一些承诺不能落实”的问题。四要选准突破口、明确主攻点，切实解决一些部门和乡镇“工作重点不够突出、工作成效不够显著”的问题。五要坚持与时俱进、不断开拓创新，用改革的办法、创新的举措，切实解决“工作责任不够落实、工作方式不够灵活”的问题。六要切实加强队伍建设、建立激励约束机制，切实解决“干事没有压力、工作缺乏后劲”的问题。七要认真开展“不忘初心、牢记使命”专题教育活动，切实解决“红色资源保护利用工作后继乏人、后继缺人、后继无人”的现实问题。

**（三）循序渐进、加快推进，切实抓好十个方面的具体工作、认真做好十件实事**

“十个方面”的具体工作是：保护“红色化石”，修好“红色家谱”，征集红色文物，挖掘红色故事，推进红色创作，丰富红色内涵，建设红色精品（工程），营造红色氛围，开展红色研学，发展红色旅游。

“十件实事”分别是：

一是常引“源头活水”，不断丰富金寨红色的内涵。要切实增强保护意识，确保现存的、仅有的、宝贵的红色资源不受损失、永续利用，使其成为我们弘扬红色文化、传承红色基因的“蓄水池”“大水缸”；要切实加大红色文物资料的征集力度，加强已有文物资料的鉴定、整理、开发、利用工作，不断挖掘文物背后的故事、充分发挥文物资料的积极作用。

二是迅速“扩面延线”，立即抢占红色文化研究开发工作的空地、新地、制高地。2019 年 8 月，习近平总书记亲临西路军纪念馆，缅怀革命先烈并发表重要讲话；同年 9 月，习近平总书记在河南新县等地视察时指出，鄂豫皖苏区根据地是我们党的重要建党基地，焦裕禄精神、红旗渠精神、大别山精神等都是我们党的宝贵精神财富。这些都为我们的党史研究、红色文化研究开发工作开阔了视野、拓展了空间、扩大了范围。我们要迅速地将红四方面军的长征史、西路军的征战史、鄂豫皖革命根据地的政权建设、经济建设、文化建设等崭新课题纳入研究范围，通过公开招聘、挂牌征集等有效的方式，吸引国家级的科研院所、专家团队来参与我们的研究，力争早出成果、快出成果。

三是努力讲好红色故事，充分发挥它们传播快、感人深、影响大、作用好的显著优势，努力让其在传承红色历史、弘扬革命精神、吸引各地游客、促进经济发展方面大显身手、尽其所能。历史不可改变、故事可以编演。我们要在保持历史原貌的基础上，通过改写改编、提档晋级，运用新形式、新手段来创作出当代儿童少年、青年学生以及社会各界迫切需要、喜闻乐见的精品力作，让其吸人眼球、感人肺腑、入脑入心。

四是广泛开展系列活动，着力营造浓厚的红色发展氛围。近些年，年年有大事、有喜事。前几年，金寨县分别围绕纪念抗日胜利 70 周年、红军长征胜利 80 周年、中国人民解放军建军 90 周年、改革开放 40 周年、新中国成立 70 周年以及立夏节起义、六霍起义胜利 90 周年等主题，开展了一系列形式灵活、内容丰富的活动，非常有意义、非常受欢迎、非常有成效。我们要继承和弘扬这种好的传统，紧紧围绕鄂豫皖革命根据地和红一军创建 90 周年、中国共产党成立 100 周年等关键时间节点，按照“一年一个主题、一年办一件大事”的原则，大张旗鼓、浓墨重彩地开展涉及全县的、遍布城乡的系列活动，以此炒浓全县的红色氛围，使其充分发挥感染人、教育人、吸引人、引导人的积极作用。

五是尽快建立“相互融合、统筹协调”的决策机制、投资机制，加快建设、“强筋铸魂”，着力营造有利于红色发展的硬件环境。要整合各类建设资金、衔接各种建设规划、统筹各种建设项目，集中力量在县城和相关集镇建成区、交通要道口、遗址遗迹处、人口集中地竖一批有品质、有特色、有内涵、上档次、上层次、上水平的宣传标牌、将军塑像，建一批纪念广场、游客中心，把能够代表金寨红色的“魂”铸造起来、让能够促进金寨红色文化发展的“筋”强壮起来，切实增强全县红色发展的动力与活力。

六是尽快“建库结网、汇聚人才”，迅速组建一支集研究开发、编撰创作、拍摄制作、包装营销于一体的红色研究开发专业人才队伍。要舍得投入、优化环境，制定并严格兑现各项优惠政策，千方百计地让那些能够做好红色研究开发工作的有用之才，能够向往金寨、投身金寨，扎根老区、奉献老区。

七是招贤纳士、汇聚人才，聘请国家级、重量级的作家、文艺家来金寨采风、体验生活，力争尽快创作出一首像《八月桂花遍地开》这样的能够唱响全国的“金寨名歌”，创作出一部吸人眼球、震撼人心的“金寨名篇”（长篇小说）。

八是下本钱、请高手，尽快编演一台既能够较好地、全面地反映皖西革命历史，又具有浓郁地方特色的、人们喜闻乐见的大戏、好戏。

九是精心谋划、集中智慧，写好一个剧本，拍好一部能够反映金寨革命历史的“重头戏”（影视剧）。

十是精心策划、多路出击，在中央电视台、《人民日报》、《求是》杂志等顶级媒体播放系列作品、开设专题专栏、发表系列文章，持续开展连绵不断的、持之以恒的宣传报道，以此扩大金寨革命老区的影响力、知名度，以利我们吸引人才、招商引资。

（作者：胡遵远，原载《淮海文汇》2020 年第 2 期）

# 安徽金寨：传承红色助脱贫

2020年4月28日，在习近平总书记考察安徽省金寨县四周年之际，金寨县顺利通过贫困县退出公示，29日，安徽省宣布：革命老区金寨县正式退出贫困县序列。

安徽省金寨县是中国革命的重要策源地、人民军队的重要发源地（简称“两源两地”），是中国工农红军第一县、全国第二将军县。在这块红色的土地上，先后爆发了著名的立夏节起义和六霍起义，走出了红二十五军、红二十八军和红四方面军等12支主力红军队伍，培育了洪学智、皮定均等59位共和国开国将军。在长期的革命斗争中，金寨先后有10万英雄儿女参军参战，绝大多数血洒疆场、为国捐躯。金寨，红色历史灿烂辉煌，红色资源积淀深厚，红色基因丰富多彩。

2016年4月24日，习近平总书记亲临金寨视察指导工作时，不仅对老区人民为中国革命和建设作出的巨大牺牲和贡献给予了充分肯定和高度赞扬，而且对红色资源的开发利用、红色基因的传承弘扬作出了重要指示。

习近平总书记满怀深情地说：“一寸山河一寸血、一抔热土一抔魂。回想过去的烽火岁月，金寨人民以大无畏的牺牲精神，为中国革命事业建立了彪炳史册的功勋。我们要沿着革命前辈的足迹继续前行，把红色江山世世代代传下去。革命传统教育要从娃娃抓起，既要注重知识灌输，又要加强情感培育，要使红色基因渗进血液、浸入心扉，要引导广大青少年树立正确的世界观、人生观、价值观。”

四年来，金寨县认真贯彻落实总书记的重要讲话精神，高度重视、切实加强红色资源的研究、开发、宣传、利用等各项工作，大力弘扬革命传统、积极传承红色基因，开创了工作新局面、谱写了发展新篇章，成绩非常显著、经验弥足珍贵。

着眼新形势、研究新对策，摸清自身家底、制定发展规划。四年来，面对日益变化的新形势和逐步出台的新规划，金寨县集中时间、抽调人力、拿出资金，通过自下而上、反复多次的摸底和核查，弄清了自身的资源情况。在此基础上，通过深入思考、广纳民意、专家论证等方式，先后制定了《金寨县革命旧址文物保护规划》《金寨县 2017—2019 三年文物保护计划》及《金寨县红色国家 5A 级旅游景区创建规划》等几个规划。

实施新战略、构建新机制，灵活方式方法、集聚建设资金。打破传统观念、引入竞争机制，着力营造一个对上争资、对外引资、对内聚资，以资源引资金、以服务换项目的融资聚资“大平台”。2019 年，全县仅“向上”就争取革命文物保护维修资金 5637 万元。

厘清新思路、建设新项目，突出开发重点、加快利用步伐。严格按照“新项目抓建设，老项目抓提升，珍贵资源抓保护”的工作思路，编制项目计划、加大资金投入、落实保障措施，力促保护利用两项工作齐头并进、相互促进、相得益彰。据统计，近几年，金寨县共投入资金 3.5 亿元，建成了安徽金寨干部学院（党校）三期、立夏节起义旧址（丁埠大王庙）等重点项目；争取投资 1347 万元，实施了金寨县革命烈士陵园基础建设项目；投资 1.5 亿元，推进桂花公园建设项目。

出台新举措、畅通新渠道，强化技能培训、提高服务质量。制定倾斜政策，扶持民营经济，鼓励景区沿线和景点周围的贫困户与农民群众，依托红色资源，走旅游路、发旅游财。通过金寨职业学校、农业技术推广中心、各种专业协会不断加大技能培训力度，着力增强人民群众发展红色旅游的知识本领，让红色旅游成为绿色发展的重要补充和有力支撑。

面向新时代、营造新优势，加强沟通衔接、集聚发展合力。千方百计地把红色元素引进、渗入公路交通、城镇建设、水利兴修、文化、教育、卫生等各个领域、各个环节，着力营造“乡乡有建设项目、村村有发展氛围、户户有红色元素”的良好环境，在道路交通、市政建设、河堤维护等多个方面，启用红色符号、建设红色雕塑、炒浓红色氛围，着力加快红色资源的开发利用步伐。

打响新品牌、树立新形象，发挥资源优势、促进经济发展。近几年，金寨县紧紧抓住“中国工农红军第一县”“两源两地”等一批新的红色品牌。通过举办全国性的征文、理论研讨，深入开展丰富多彩的系列活动，着力打造新品牌、营造新优势，扩大知名度、增强吸引力。

与此同时，切实加大县内红色资源的研究开发力度，通过写文撰稿、编书出书、广泛宣讲等系列活动、多种途径，坚持不懈地把红色金寨宣传出去，把红色基因送到田间地头、送进千家万户。据统计，近几年，金寨县以“两源两地”理论为指导，以金寨革命史、军队发展史为重点，以纪念抗日战争胜利

70周年、中原突围和刘邓大军千里挺进大别山70周年、红军长征胜利80周年、中国人民解放军诞生90周年、新中国成立70周年、立夏节起义和六霍起义胜利90周年、改革开放40周年为契机，全面加强党史、军史编研工作，先后编撰了《金寨党史》《军旗猎猎：在金寨建立的十二支主力红军队伍》《热血忠魂》等10多种党史军史基本著作，出版了《话说红色金寨》《将军县的初心故事》等20多种红色普及读物，打造了红色传承的平台，架起了红色传承的桥梁。

特别值得一提的是，四年来，面对脱贫攻坚的严峻形势，金寨县积极探索、大胆尝试，充分发挥自身优势，千方百计地挖掘红色资源的潜在价值，力促“红色开发”助力脱贫攻坚，力促“红绿结合”加快经济发展。该县一方面认真总结凝练大别山精神表述语，用大别山精神来坚定广大干部群众脱贫攻坚的信心和决心，用大别山精神来调动广大干部职工决胜脱贫攻坚的积极性、主动性、自觉性；另一方面充分挖掘红色资源潜在的经济价值、大力发展红色旅游，努力带动全域利用大发展，让广大群众吃旅游饭、发旅游财、走致富路。

随着红色资源开发利用工作和红色基因传承工作的深入推进，老区金寨的红色氛围越来越浓，红色旅游的名声越来越大、影响越来越广，不仅加快了旅游业的发展，而且促进了第三产业的繁荣，增加了农民收入、加快了脱贫步伐，全县呈现出前所未有的发展势头和喜人局面。2019年，全县共接待各类游客1206万人次，创综合收入46亿元，分别比2016年的754万人次、30亿元增长59%和50%以上。据测算，四年来，全县有20多万人直接或间接地享受了发展红色旅游带来的红利。至2019年底，金寨县仅剩下贫困人口1039户、1846人。贫困发生率下降至0.31%。

至此，金寨这个著名的“将军县”在与贫困作战、向着堡垒冲锋的新征程中，又交出了一份出色的答卷，迈出了具有历史意义的一步。2020年4月29日，经安徽省人民政府批准，金寨正式甩掉“穷帽”、退出贫困县序列。这四年，是老区金寨脱贫攻坚成效最好的四年。这四年是老区金寨经济社会发展最快的四年。全县生产总值由四年前的88.84亿元增至2019年的187.7亿元；财政收入由10.08亿元增至22.84亿元；固定资产投资由76.7亿元增至186.65亿元，成功争创20多项国家级荣誉，跻身25项国家级、15项省级改革试点，提前一年完成“十三五”规划经济社会发展主要目标。这四年是老区金寨城乡面貌变化最大的几年。累计棚户区改造6000多户、100多万平方米，全面消除新城区危旧房，成功创建国家卫生、园林县城，入选第六届全国文明城市提名城市；全面取缔梅响水库网箱和库湾养殖，“两个替代”行动纵深推进，提前完成全省“美丽乡村整县推进试点”。这四年是老区金寨人民生活改善最多的几年。4.4万余户农民搬进新居，户均享受补贴 15 万元以上，城镇、农村居民人均可支配收入分别由 19902 元、8503 元增至 27440 元、12351 元，低保覆盖率居全省同类地区之首，全民享受“1579”医疗补充保险，一大批民生诉求得到解决，群众的安全感、获得感、幸福感进一步增强。

（作者：胡遵远，原载《党史纵横》2020 年第 6 期）

# 编制红色文化产业发展规划<br>促进老区经济社会快速发展

## ——对六安革命老区“十四五”规划编制工作的几点建议

安徽省六安市是全国著名的革命老区，是中国革命的重要策源地、人民军队的重要发源地，红色历史辉煌灿烂、红色资源积淀深厚、红色基因丰富多彩。几年来，全市上下紧紧抓住习近平总书记亲临六安视察指导工作的历史机遇，扎实苦干、开拓奋进，作出了显著成绩、收到了明显效果：红色文化氛围越来越浓、作用越来越大，红色文化产业初露端倪、渐成气候。

但是，这些与六安革命老区的重要地位相比，显得还很不足，存在的问题比较多，有的还比较严重。

一是少数同志的思想认识不够到位。二是少数部门的职能职责不够明确。从红色文化资源的保护利用到研究开发，到继承传承，再到发展红色旅游、做强红色产业，这是一个长长的产业链，既是文化也是政治，既是政治也是经济，涉及很多行业、很多单位部门，这样一个重要的产业，究竟由谁负全责、谁能负全责，谁来牵头抓总，还不是很明晰。三是规划设计不够完善。全市的红色文化产业到底如何发展，缺少一个总体的、统一的谋划和安排。四是协调机制不够有力。五是发展重点不够突出。六是发展环境不够优化。

“十四五”时期，要立足老区实际、发挥资源优势，继续坚定不移地“打红色牌、走特色路，开发红色助发展、传承红色促振兴”，进一步抓好全市红色文化产业的发展。

一要提档晋位。要将红色文化产业从文化产业、旅游发展中分离出来，专门编制一个集红色资源保护利用、红色文化研究开发、红色基因传承、红色旅游发展于一体的红色文化产业发展规划。

二要明确职责。对全市红色文化产业的发展，是专门成立一个议事协调机构来负责，还是由某一个部门或单位来负责要尽快明确，并由其牵头对全市红色文化产业涉及的部门和单位进行安排布置，分别制定规划、明确目标、细化任务。

三要各司其职。红色文化产业涉及的各部门、各单位都要按全市统一的规划，进一步明确自身的职责任务、发展的目标方向、工作的重点措施，然后逐项地“明确到年月、落实到人头”，从而形成“千斤担子大家挑、人人头上有指标”的良好态势。

四要建立机制。重点是建立协调配合机制，既要有利于调动各部门、各单位的工作积极性、主动性，也要把全市的红色文化产业统起来，要有利于管理协调，要尽快形成一条线、一张皮、一台戏。

五要灵活方式。主要是指工作理念和工作的方式方法，不能墨守成规、死板教条，要适应新形势、新要求。比如，对于红色基因的传承问题，建议根据时代的发展、形势的变化、受众的特征，通过故事化、艺术化的手段，采用新媒体、多媒体的方法，综合发力、齐头并进。

六要加大投入。首先是人力、财力的投入。文化产业的发展不同于其他产业的发展，要充分认识它的价值功能和行业特点，把红色文化产业的发展与党的建设、精神文明建设，与爱国主义教育、革命传统教育，与未成年人思想道德教育等有机地结合起来，充分发挥它们的“正能量”作用；把红色文化产业的发展与乡村振兴战略、脱贫攻坚后续工程、抗灾救灾项目实施、基础设施建设、道路交通建设、城镇社区建设，以及文化、教育、卫生建设等有机地结合起来，充分发挥它们的“领路先锋”作用；把红色文化产业发展与红色研学、旅游发展、资源开发利用、长三角一体化发展等有机地结合起来，充分发挥它们的“生力军”作用，让红色文化产业与各行各业紧密地结合起来，让红色资源物尽其用、让红色文化蔚然成风、让红色基因渗进血液、浸入心扉，把红色江山世世代代传下去。

七要汇聚人才。全市目前这方面队伍年龄比较老化，业务素质不够高、专业本领不够强，急需引进一大批懂业务、有潜力、能吃苦的专业技术人才。要想方设法地引进人才，多式并举地培养人才，千方百计地用好人才、留住人才。

八要强化保障。主要包括组织、领导保障，财力、人力保障，体制、机制保障，等等。市委、市政府要旗帜鲜明地、始终如一地把红色传承作为全市经济社会发展重大战略的重要内容写进去、做起来，立足红色沃土、开发红色资源、发展红色产业、弘扬红色精神、传承红色基因、保住红色江山，这本身就是一脉相承、相辅相成的，必须长期坚持、毫不动摇。

（作者：胡遵远，原载《江淮时报》2020 年 9 月 25 日）

# 不忘嘱托　坚决把红色基因库建设好利用好

党的十八大以来，习近平总书记多次视察革命文物纪念地、纪念馆，深情缅怀革命先烈。通过认真学习、深刻理解习近平总书记的重要讲话精神，我们深深地体会到：革命博物馆、纪念馆、党史馆等纪念场馆是连接历史、服务当下、启迪未来的“桥梁”，是承载历史传统、传递文化精神的“中枢”，是我们党和国家的红色基因库；是传承中华文明，传播先进文化，宣传和促进社会主义精神文明建设的重要“窗口”，承担着向社会公众提供优质精神产品的重任，责任重大、使命光荣、任重道远。

大别山革命老区在红色基因库的建设方面，起步较早、投入较大、规划设计比较科学、展示展览效果较好。在 2020 年中宣部确定的“中华民族文化基因库（一期）红色基因库”首批 15 家试点单位中，就有鄂豫皖地区的安徽金寨革命烈士陵园等 2 家单位。但是，由于受诸多因素的影响，大别山革命老区的一些纪念场馆也还存在着许多明显不足。新建、扩建、改建、维修纪念场馆，完善、提升陈展水平，是摆在我们广大党史、文博、宣传、文化工作者面前的一项十分重要而又十分紧迫的工作。怎样才能“不断丰富馆藏资源、深入挖掘文化内涵、努力提升陈展水平、充分发挥服务功能”呢？对此，笔者有以下几点粗浅的看法和初步的打算。

要建立健全一种良好的工作机制，源源不断地丰富馆藏内容。文物是历史的最好见证，用文物解说历史，更有说服力、公信力，更能让观众增强现场感、认同感。因此，无论是新建、扩建、改建、维修，还是完善、提升这些红色基因库，我们都要建立健全良好的工作机制，始终把征集革命文物、扩大馆藏规模放在工作的首位，努力通过征集、购买、复制、巡展等多种途径，不断丰富馆藏内容，努力构建一个比较完整、完备的史料体系。

要努力建设一个专业的研究机构，广泛深入地挖掘馆藏文物的文化内涵。客观地说，目前，各纪念场馆的研究力量都是比较薄弱的。要采取聘请、聘用、委托、发包等多种方式，尽快汇聚一批懂历史、有经验、肯动脑、能够出成果的专家、学者和党史工作者，建立一个属于自己的专家团队；着力主攻所在地区的红色历史以及本馆陈展大纲和解说词的撰写与更新，集中精力深入挖掘馆藏文物的文化内涵。每一件文物的背后都可能有一段可歌可泣的英雄故事，每一件史料的背后都可能承载着一段风云激荡的峥嵘岁月，挖掘这些文物史料背后的故事，提炼其中的丰富内涵，给人们以思想的启迪和精神的激励，是各纪念场馆的一项十分重要的工作任务。要通过调查和采访，把每一件文物的来历、背景和涉及的人物、故事挖出来、记下来；再组织精兵强将，对这些人物、故事进行研究和分析，努力打造出一个个、一组组感人肺腑、发人深省的红色经典。

要全力打造一个精湛的陈列展览，把所在地区的红色历史客观准确、形象生动地再现给广大观众。陈列展览是博物馆最主要、最核心、最基本的精神产品。陈列展览水平的高低，是各类纪念场馆内在之美和恒久魅力的源泉所在。各纪念场馆都要根据本馆的性质和馆藏文物的特点，按照陈列内容科学化、陈列语言科普化、陈列形式艺术化、陈列手段现代化的要求，通过采用文物、文献、图片、多媒体演示、互动体验项目等多种方式，着力打造主题突出、特色鲜明的陈列展览。新建场馆在设计之初就要将国际、国内的先进理念、技术、设备引入陈展当中，陈展设计要与建筑设计同步进行并优先考虑陈展空间的完整性、实用性，以及陈展内容和形式的科技含量与感染力；老馆改造要增加场景复原、互动体验等新项目以及采用声、光、电技术，以及多媒体技术、数码技术等先进手段，切实增强展出艺术的感染力、震撼力，努力提高观众的参与性、互动性。

要倾力培育一支优秀的讲解员队伍，让他们把党的故事、革命的故事、根据地的故事以及英雄和烈士的故事等分享给广大观众。讲解员是革命博物馆、纪念馆、党史馆等红色基因库的一个重要组成部分。要切实加大讲解员队伍的建设力度、不断优化讲解员的学习和工作环境，专心学习、潜心研究，努力使其做到规范着装、佩戴标志，讲解内容科学、准确、生动，口齿清楚、语言流畅、举止大方，努力使其成长为革命历史的研究员、革命文物的品鉴员、红色故事的宣传员、红色基因的传承员，将外在的亮丽与内在的魅力有机地融合在一起，千方百计提高他们讲解的“感染力”。各纪念场馆的专家团队都要支持和帮助讲解员依据陈列大纲，编写一份观点鲜明、繁简适度、适宜大众的讲解词，力求思想性、知识性、趣味性与科学性融为一体。

要积极研发一系列红色文化产品，让广大观众能够把“博物馆带回家”。要坚持不断地编辑出版一些与陈展内容吻合、配套的简明历史读本、故事书、画册等书籍，丰富宣传渠道、夯实陈展基础。要采用新媒体、多媒体等新型手段研发生产一些主题突出、生动有趣的音像电子产品，满足广大少年儿童的需要。纳入国家免费开放的博物（纪念）馆要按规定实行免费开放，并将免费项目、开放时间、便民措施等各类服务信息在馆内醒目位置上公告出来，文字和标识符合规范，并尽可能为观众免费提供内容丰富、形式多样的宣传资料。要编印博物馆介绍和相关陈展介绍等信息资料，积极创办馆办刊物，定期举办相关文物知识讲座。以“国际博物馆日”“中国文化和自然遗产日”等重要节庆、纪念日为契机，精心设计活动载体，切实增强公众对博物馆的认知与互动；充分运用互联网、多媒体等现代信息传播手段积极拓展文物宣传领域，开展数字化服务，建立专门的门户网站，及时更新内容，有条件的地方还可以建网上虚拟博物馆。要积极开发展现本馆特色、形式多样、品种丰富的文化产品，努力为公众提供一些特色鲜明、内容健康、适合精神需求、市场销售良好的文化产品，尽可能地满足公众“把博物馆带回家”的愿望。

（作者：胡遵远、胡艳萍，原载《中国文物报》2020年10月23日）

# 让红色文化为革命老区加快发展提供强大精神动力

挖掘好、利用好宝贵的红色文化资源，弘扬好、传承好丰富的红色基因，是筑牢思想基础、挖掘不竭动力源泉的有效之举。在全面巩固脱贫攻坚成效、加快实施乡村振兴战略的新阶段、新征程、新格局中，各地特别是广大革命老区要立足红色资源、发挥红色优势、弘扬红色文化、传承红色基因，以“红”铸魂塑形、以“红”强基固本，以“特”加快发展、以“特”实现振兴。

挖掘红色资源，强化宣传推介，进一步增强红色文化的感染力。党的十八大以来，习近平总书记特别重视革命传统教育和红色基因传承工作。2020 年 7 月 22 日，习近平总书记在吉林省四平市考察时强调，要把红色资源作为坚定理想信念、加强党性修养的生动教材，教育引导广大党员干部永葆初心、永担使命。广大革命老区在这方面有着得天独厚的条件，要切实加大红色资源开发力度、强化宣传推介工作，以此增强红色文化的感染力，争取更多的政策、项目和资金，获得更多的关心、支持和帮助。

做强红色品牌，扩大对外影响，进一步增强红色文化的吸引力。广大革命老区独有的革命遗存、革命藏品、革命文献，见证了中华民族波澜壮阔的战斗历程，昭示着革命先辈的崇高理想和价值追求。要加大投入、加快建设，让红色资源活起来、红色产品多起来、红色氛围浓起来、红色品牌强起来、红色老区走出来，以此促进老区的招商引资、引才引智，努力为老区发展注入新鲜血液和强劲动能。

营造红色环境，牢记初心使命，进一步增强红色文化的凝聚力。要大力弘扬红色文化、着力做优红色环境、切实加强红色教育，尽可能地将红色环境的营造与公路交通、城市建设、水利环保、教育卫生等基础设施建设紧密地结合起来，通过竖标牌、塑雕像、建“红街”、送红色文化进小区等各种形式，让红色基因渗进血液、沁入心扉，切实让广大党员、干部和职工汲取红色营养、坚守初心使命，筑牢信仰之基、补好精神之“钙”，切实增强加快发展、振兴乡村的责任感、使命感，千方百计地凝聚上上下下、方方面面加快发展、振兴乡村的合力和潜力。

弘扬红色精神，营造发展氛围，切实增强红色文化的源动力。每一个老区都有一种伟大的精神，它们在长期的革命斗争中起到了凝聚力量、鼓舞人心的积极作用。在当今时代，这些伟大的精神仍然具有强大的生命力。广大革命老区要切实加强以红色精神为主要内容的党性教育，要将红色精神传承与党员干部教育特别是全员培训有机结合起来，通过弘扬和传承伟大的革命精神，切实增强广大人民群众尤其是广大农民兄弟加快发展的自觉性、主动性，推进红色资源与发展资源的有效转换。要激发人民群众的积极性和主动性，激励和引导农民兄弟依靠自己的努力改变命运。唯有如此，脱贫的成效才能持久永恒，致富的道路才能顺利通畅，振兴的战略才能有效实施。

发展红色旅游，增加农民收入，进一步增强红色文化的生命力。各地都要立足实际、因地制宜，大力发展红色旅游、开发红色产品、拓展旅游空间、延伸旅游链条，借助动态视效、立体影像等现代化科学技术手段，改变传统单一的静态陈展模式，增强广大游客的参与性、体验感，不断提升红色旅游的魅力与活力，积极引导那些有资源、有条件、有头脑、有能力的农民群众尽快走上“依靠红色增收入、发展红色促振兴”的特色之路。

传承红色基因，讲好革命故事，进一步增强红色文化的持续力。革命传统教育要从娃娃抓起，既注重知识灌输，又加强情感培育，引导广大青少年树立正确的世界观、人生观、价值观。各地都要写好、讲好红色故事，用震撼人心的英雄事迹、触及心灵的故事情节来感染人、教育人。开发红色资源、加快经济发展只是我们发展红色文化的一个部分，关键还是要利用红色资源讲好革命故事，让红色基因代代相传，为伟大的共产主义事业培养一代又一代可靠的接班人，确保我们的红色江山不变色。

（作者：胡遵远，原载《学习月刊》2021 年第 2 期）

# 新时代进一步推动革命老区振兴发展

安徽省金寨县是中国革命的重要策源地、人民军队的重要发源地。红色历史灿烂辉煌、红色资源积淀深厚、红色基因丰富多彩。2016 年 4 月 24 日，习近平总书记亲临金寨县考察指导工作时，曾满怀深情地说："一寸山河一寸血，一抔热土一抔魂。回想过去的烽火岁月，金寨人民以大无畏的牺牲精神，为中国革命事业建立了彪炳史册的功勋……"当天下午，总书记在花石乡大湾村调研脱贫攻坚工作时强调指出，全面建成小康社会，一个不能少，特别是不能忘了老区。他要求，各级党委和政府要怀着对人民的热爱、按照党中央提出的精准扶贫要求，打好脱贫攻坚战，让老区人民过上幸福美好生活。

金寨县全县上下始终牢记重托、砥砺奋进，坚持物质脱贫和精神脱贫两手抓，积极探索符合老区实际的精准脱贫之路，先后跻身全国农村宅基地制度改革等 29 项国家级改革试点示范行列，荣获国家脱贫攻坚组织创新奖、全国文明城市等 28 项全国性荣誉称号。紧紧围绕"两不愁、三保障、一安全"这一核心指标，切实加大工作力度、不断强化工作措施，全县 39344 户 129789 人建档立卡贫困人口全部如期脱贫、71 个重点贫困村全部按时出列，以较好的成绩实现了高质量脱贫摘帽。在全国脱贫攻坚总结表彰大会上，中共金寨县委荣获全国脱贫攻坚先进集体称号，习近平总书记还亲自为金寨县大湾村颁发了"全国脱贫攻坚楷模"奖牌。

近几年，金寨县能够实现快速发展、精准脱贫，主要得益于各级党委、政府和相关部门的高度关注和大力支持。金寨的底子薄、起点低，虽然整体上实现了脱贫目标，但在发展中仍然面临着一些比较突出的问题，主要是发展空间受限，产业发展不足，公共服务短板较多，巩固脱贫压力较大。因此，在全面实施乡村振兴战略中，金寨县应着力做好以下四个方面的工作。

扭住一个中心，筑牢思想根基。始终把学习贯彻习近平新时代中国特色社会主义思想特别是习近平总书记在金寨县考察工作的重要讲话精神作为推进一切工作的根本遵循，牢固树立"四个意识"、切实增强"四个自信"、坚决做到"两个维护"，自觉提高政治判断力、领悟力、执行力。

突出两个重点，锚定发展方向。一是大力弘扬红色精神。结合正在开展的党史学习教育，进一步学好红色历史、讲好红色故事、传承红色基因，积极创建红色5A景区，持续放大红色效应，努力为全县经济社会发展提供坚强有力的思想保证和取之不尽、用之不竭的力量源泉。二是始终坚持绿色发展。坚持绿水青山就是金山银山，坚定不移地把“生态立县”作为首位战略，坚决打好污染防治攻坚战，大力建设“两山”实践创新基地，进一步保护好、提升好、转化好金寨的绿水青山，奋力推进老区绿色发展。

筑牢三道底线，推动有效衔接。一是筑牢防范返贫的红线。严格落实“四个不摘”的要求，持续强化对脱贫不稳定户、边缘易致贫户等农村低收入群体的常态化监测、针对性帮扶，坚决防止出现系统性返贫。二是完善配套政策的底线。在落实中央和省市部署要求的基础上，抓紧完善系列配套政策，确保脱贫攻坚与乡村振兴有序有效有力衔接。三是紧扣产业发展的主线。无论是脱贫攻坚还是乡村振兴，产业都是根本。要加快转变产业发展思路，把工作重点由脱贫攻坚时期解决“有没有”的问题，向乡村振兴阶段解决“好不好”“上规模”和“可持续”上转变。

坚持四链并举，提升特色产业。聚焦茶叶、中药材、毛竹、黑毛猪等重点产业，研究制定全县重点产业链条式发展的指导意见，建立有效机制，着力打造特色农业全产业链。一是在析链上着力，找准产业链上的痛点、断点、堵点，加强顶层设计，制定有针对性的发展措施。二是在补链上着力，确保产业发展要素齐全、链条完整，着力打造更多类似“小香薯”“竹筒饭”等风味特色产品。三是在强链上着力，加大技术研发和技改升级力度，重点引进和培育科技型产业化龙头企业，在全县范围内纵深推进茶园“两个替代”，大力发展黄大茶、红茶、篮茶即溶茶，进一步提升茶叶内质、打响茶叶品牌。四是在延链上着力，瞄准国际农业产业发展前沿，深化产、学、研合作，加强引才育才，强化科技攻关，持续提升精深加工水平，着力把特色产业转化为科技产品。

在自身加倍努力、奋力拼搏的前提下，作为全国著名的革命老区，也期盼党中央、国务院及相关部委对革命老区一如既往地给予高度关注和大力支持：一是切实加大政策支持力度；二是尽快补齐公共服务短板；三是积极支持特色农业发展；四是不断提高生态补偿标准；五是大力支持红色旅游发展。把大别山红色资源纳入全国干部教育体系，在红色旧址保护、红色场馆建设、红色景区打造以及干部培训基地建设等方面给予更多的项目、资金支持。推动建立大别山革命老区红色资源开发协作机制，支持打造一批跨区域的红色旅游精品路线、体验式的红色文化项目，进一步提高大别山革命老区红色文化的知名度、吸引力。

（作者：胡遵远、魏巍，原载《江淮时报》2021年6月1日）

# 用好红色资源　加快老区发展

怎样用实际行动来贯彻落实习近平总书记关于“用好红色资源”的重要讲话精神？怎样把红色资源优势转化为经济发展优势呢？笔者认为要做好以下几点。

一要广泛征集红色文物资料。丰富的红色文物资料是做好红色历史研究的“源头活水”。要舍得投入人力、物力、财力、精力，也要采取现代化手段寻找、复制所需的各类红色文物资料。认真开展口述历史资料的征集工作。

二要深入开展红色历史研究。要进一步厘清老区红色历史发展脉络、基层组织建设情况、红军队伍演变历程、战役战斗前后经过、红色人物人生经历、红色精神作用地位，把历史搞清楚、把事实弄明白、把精神研究透，突出做好“补缺补差”、深化细化、系统研究和与时俱进四个方面的工作。

三要充分挖掘感人红色故事。从历史入手、从文物入手，充分挖掘红色文物背后的感人故事，让红色文物说话，用经典故事吸引人、感染人、教育人。

四要编纂出版一批红色文化书籍。要以革命历史、革命事件、革命人物、革命遗址，以起义故事、长征故事、抗日故事等不同的主题编纂出版系列红色文化图书，突出全景式、系列化、故事性，增强可读性、吸引力。

五要新建提升一批红色纪念场馆。对原有的纪念场馆要进行改建扩建、提升完善，对新建的纪念场馆要进行科学规划、严格把关。要统筹各种纪念场馆的展陈主题和核心内容，要采取丰富的展陈手段、灵活的展示方法，让红色历史“活灵活现”、让战斗场景“真实再现”、让英雄人物“与观众见面”、让感人故事使来者心灵震撼，充分发挥潜在效能、积极作用。

六要着力打造一批红色教育基地。根据党史教育、党性教育、干部教育、革命传统教育、爱国主义教育、青少年思想道德教育等各种教育的不同需要，着力打造一批示范性、引领性的红色教育基地。切实做好与之配套的红色教育精品线路的设计与建设工作。

七要聚力打造一批精品力作。积极争取项目、切实加大投入，拍几部容量大、叫得响、形象新、影响广的立体反映革命老区红色历史的大型影视剧；千方百计地加大革命老区的宣传推介力度，千方百计地扩大革命老区的辐射力、影响力。

八要倾力打造一批标志性的建筑。省市县接壤处、高速路下道口，城市主要街道、乡镇红色场馆附近，都要规划建设一批标志性、专业性的红色建筑、红军雕塑等，着力营造一种“一进老区，满眼红色、红流滚滚”的浓厚氛围。

九要精心培育一批红色宣讲人才。对内要全面深入地开展红色宣传、红色教育，切实增强人们加快经济社会发展的责任感、使命感、紧迫感。对外要大张旗鼓地、坚持不懈地、广泛深入地宣传老区的红色历史、红色人物、红色故事、红色精神，努力把品牌做得更大更响，让其尽快地红起来、热起来、火起来！

十要把开发利用红色文化资源与“四史”教育、乡村振兴、道路交通、城市建设等基础建设项目紧密结合，与发展红色旅游、壮大红色产业紧密结合，与对外宣传推介、招商引资、争取项目、引才引智紧密结合。千方百计地使红色场馆热起来、红色文物动起来、红色资源活起来、红色氛围浓起来、红色环境好起来，千方百计地促进红色资源大利用、红色产品大开发、红色旅游大发展、红色产业大繁荣，真正让习近平总书记的重要讲话精神率先在革命老区生根、开花、结果。

（作者：胡遵远、宣自梅，原载《江淮时报》2021 年 11 月 5 日）

# 弘扬红色文化　凝聚奋进力量

2021 年 11 月闭幕的安徽省第十一次党代会，全面贯彻习近平新时代中国特色社会主义思想特别是习近平总书记考察安徽省重要讲话指示精神，科学确立了安徽省今后五年的奋斗目标，描绘了安徽省未来发展的美好蓝图，集中反映了全体党代表的智慧结晶，充分体现了全省人民的共同愿望。

当前，世界百年未有之大变局正在加速演进，中华民族伟大复兴已经进入关键时期，安徽省发展正处于重要战略机遇期。实现既定目标、任务，我们既面临有利的形势和难得的机遇，也面临实际困难和具体问题。

思路决定出路，思想是行动的先导。要实现既定目标、任务，我们首先必须解决人们特别是广大党员干部在思想上存在的一些实际问题。应该说，省委、省政府在这方面是未雨绸缪、超前安排，早在 2021 年 3 月就选派了一大批干部深入沪苏浙，开展沉浸式的体悟实训、跟班学习、东向取经。

据《决策》杂志报道，这批干部感触颇深，学到了很多让政策“活”起来的办法与经验。他们的许多深刻感悟、肺腑之言，非常值得我们学习和借鉴。建设美好安徽，功在当代、利在千秋，每一位安徽人都有责任、有义务为之努力奋斗、作出积极贡献。不积跬步无以至千里，不积小流无以成江海。只有全省人民上下齐心、众志成城，我们才能够把安徽省第十一次党代会描绘的美好蓝图变成现实。

作为从事红色文化研究和社会科学研究工作的我们，在全面建设美好安徽的伟业中，应该怎么做？笔者觉得关键要立足本职岗位、发挥老区优势，把红色历史研究好、梳理好，红色资源开发好、利用好，红色基因传承好、弘扬好，努力为全省广大党员干部坚定发展信心、加快发展步伐打牢坚实的思想基础、提供不竭的动力源泉。

一要深挖广集夯基础。要进一步认真研究老区的红色历史，力求做到全面具体、准确深入，力争做到内容丰富、特色鲜明；要深入挖掘红色故事，广泛征集红军文物资料，努力为党史军史研究引来“源头活水”。

二要撰文编书多积淀。对于新发现的内容、新搜集的故事要及时地撰写成文，不断地积累资料。要及时地将一些新成果、新收获编纂成红色书籍。

三要加大投入强硬件。要积极建议、尽可能地规划建设红色文化展示园或产业园；在省界、市界、县界，高速公路下道口、著名战役战斗遗址、将军故乡等重要地点、地段建设一批标志性的红色建筑；要新建扩建、改造提升一批红色纪念场馆；要通过联合、融合等方式，把红色环境的打造、红色氛围的营造、红色项目的建设、红色旅游的发展，与城建交通、教育卫生、乡村振兴等各类基础建设紧密地结合起来，努力造浓红色文化的发展氛围。

四要下苦功夫优服务。进一步突出各类红色纪念场馆的展陈主题，创新展示手段、灵活展示方法，千方百计地让红色资源动起来、活起来。不断优化、提升讲解词和讲解员的讲解水平，切实抓好文创产品的系列开发工作。

五要集中精力办大事。通过坚持不懈地、连续不断地办节办会造浓红色发展氛围，通过内部联合、横向联合、上下联合等各种途径扩大老区影响，要主攻影视大片、鸿篇巨制，坚持不懈地抓好对外宣传和对内宣传。想方设法、不遗余力地打响、做大一支红歌（《八月桂花遍地开》）、两大起义（立夏节起义、六霍起义）、三支红军队伍（红二十五军、红二十八军、红四方面军）、59 位开国将军及中国革命的重要策源地、人民军队的重要发源地、红二十五军的诞生地、红二十八军的重建地、红四方面军的主要发源地这样一批重要的红色文化品牌。

六要多措并举聚合力。努力让上下形成共识、真抓实干，真正做到持之以恒、常抓不懈。始终保持时不我待的紧迫感、舍我其谁的使命感、奋斗有我的责任感，以昂扬向上的精神状态履职尽责、以求真务实的工作作风干事创业，以清单化、闭环式的工作机制，把大会提出的十个方面的主要任务落到实处、抓出实效，真正把每一件事情干精致干极致、把每一项工作做出色做出彩，奋力把建设现代化美好安徽的各项事业发展推向新的更高台阶。

（作者：胡遵远，原载《江淮时报》2021 年 11 月 16 日）

# 学习“七一”讲话<br>用好红色资源　加快老区发展

习近平总书记在庆祝中国共产党成立100周年大会上的重要讲话，高屋建瓴、思想深邃、饱含深情，在洞察历史中揭示规律，在把握大势中昭示未来，是铭记光辉历史、开创美好未来的宣言书，是闪烁历史智慧、照耀前进道路的航标灯，是奋进新征程、建功新时代的动员令。

在庆祝中国共产党成立100周年大会上，习近平总书记立足精神之本、回溯精神之源，第一次提出了“坚持真理、坚守理想，践行初心、担当使命，不怕牺牲、英勇斗争，对党忠诚、不负人民”的伟大建党精神。这32个字，是中国共产党的精神之源，揭示了我们党始终充满朝气与活力、不断从胜利走向胜利的精神密码，凝结着中国共产党人的伟大政治品格，既是我们立党、兴党、强党的精神原点、思想基点，也必将成为新时代中国共产党人的立身之本、动力之源。习近平总书记强调，历史川流不息，精神代代相传。我们要继续弘扬光荣传统、赓续红色血脉，永远把伟大建党精神继承下去、发扬光大！

一般来说，革命老区既是红色资源的富集区，也是经济发展的滞后区。怎样用实际行动来贯彻落实习近平总书记关于“用好红色资源，传承好红色基因”的系列讲话精神？怎样把红色资源优势转化为经济发展优势？这是革命老区广大干部群众特别是各级领导干部应该深入思考、大胆尝试、积极探索的重大而紧迫的问题。笔者认为，革命老区一定要立足自身实际、发挥“红”色优势，以“红”铸魂、以“红”聚力，以“红”创牌、以“红”带“绿”，在新的伟大的长征路上，再树新形象、再创新业绩、再铸新辉煌！

安徽省金寨县是中国工农红军第一县、全国第二将军县，是中国革命的重要策源地、人民军队的重要发源地，红色历史灿烂辉煌、红色资源积淀深厚、红色基因丰富多彩。近年来，特别是2016年4月24日，习近平总书记亲临金寨县视察指导工作并就传承红色基因作出重要指示后，全县上下认真学习贯彻、全面抓好落实，积极探索、大胆实践，总结和凝练出传承红色基因的“金寨模式”。不仅切实加强了革命传统教育、弘扬了伟大的大别山精神、提升了人民群众素质、激活了发展潜能，而且促进了红色旅游、壮大了红色产业，全县一大批贫困户依靠“红色”摆脱了贫困，71个重点贫困村全部如期实现了“出列”目标，县委、县政府被评为全国脱贫攻坚先进集体。在此期间，金寨县还荣获了全国文明县城、全域旅游示范县等20多项“国字号”荣誉称号。可以说，这几年是金寨红色资源开发利用工作取得显著成绩、积累宝贵经验的重要时期，是金寨各项建设快速推进、经济社会发展蒸蒸日上的重要时期。

进入新时代，奔赴新征程，面对新形势、新任务、新要求，特别是贯彻落实习近平总书记关于“用好红色资源，传承好红色基因”的系列讲话精神，金寨等革命老区要紧紧围绕“三个问题”（思想认识、工作思路、保障措施）、切实打牢“三个基础”（征集红色文物资料、开展红色历史研究、建立健全保障措施）、全面实施“六大工程”（编辑出版红色书籍、新建扩建红色纪念场馆、着力打造红色教育基地、聚力打造精品力作、倾力打造标志性建筑、精心培育宣讲人才）、认真做好“四个结合”，真正把革命老区丰富的红色资源发挥好、巨大的发展潜力挖掘好、特有的红色产业培育好！

## 一、要把发掘好、利用好红色资源的认识“提得更高”

思想是行动的先导。要通过广泛深入的宣传，进一步统一和提升革命老区广大干群对这项工作的认识。从政治上讲，发掘好、利用好红色资源是党中央的一项重大决策，是习近平总书记特别关心、特别重视的一项重要工作，各级各地特别是革命老区必须无条件地服从、坚决彻底地抓好贯彻落实。从工作上讲，这是一项关乎党和国家前途命运、关乎社会主义红色江山代代相传、关乎祖国下一代健康成长的现实需要和必然选择，各级各地特别是革命老区更要自觉主动地抓、充满感情地抓。从效果上看，这不仅是一项政治工程、民心工程，也是一项经济工作、社会事业；不仅是一项精神文明建设，也是一项物质文明建设；不仅可以加强思想建设、政治建设，而且可以优化发展环境、促进社会全面进步，各级各部门特别是革命老区更要持之以恒地抓、一以贯之地抓。从老区的实际看，发掘好、利用好丰富的红色资源，既是擦亮老区品牌、树立老区形象，对上争取政策项目、对外实行招商引资、招才引智的得力举措和有效途径，也是深入挖掘内部潜力、加快发展红色旅游、不断壮大红色产业的迫切需要。

## 二、要把发掘好、利用好红色资源的思路“厘得更清”

**（一）要广泛征集红色文物资料**

丰富的红色文物资料是做好红色历史研究的“源头活水”。要再宣传、再发动，再出新举、再用新招，尽快再掀发掘、挖掘、征集、收集、广集红色文物资料的新高潮。在这一方面，既要舍得投入人力、物力、财力、精力，也要面对现实、活化思维，灵活征集工作的方式方法。既要千方百计地在更大范围、更深层次上广泛征集各种原始的、固态的红色文物资料，也要采取现代化的科技手段，到各类军史馆、博物馆、纪念馆去寻找去复制所需的各类红色文物资料。同时，要紧紧抓住各地健在的老红军、老八路，还有一批重要革命历史事件中的亲历者、见证者健在的难得机遇，认真开展口述历史资料的征集工作，让他们讲述自己的亲力亲为，讲述自己亲耳听到的、亲眼看到的战斗经过与革命故事，用红色档案资料记录峥嵘岁月、锁定历史记忆。

**（二）要深入开展红色历史研究**

通过几十年的研究开发，革命老区的红色历史研究工作都取得了显著的成绩、结出了丰硕的成果。现阶段要在已有的基础上，结合新增的文物资料，进一步厘清本地红色历史的发展脉络、基层组织的建设情况、红军队伍的演变历程、重大事件的前因后果、重要会议的召开情况、战役战斗的前后经过、红色人物的人生经历、红色精神的作用地位，把历史搞清楚、把事实弄明白、把精神研究透。要突出做好以下四个方面的工作：一是“补缺补差”，把革命老区从建党之日到 1949 年中华人民共和国成立各个历史时期的革命事件搞清楚、搞准确，在时空上做到不缺不漏、精准完整。二是深化细化，把革命老区红色历史中最光辉、最灿烂的历史事件、战役战斗、英雄人物、红色故事挖深挖透、精雕细琢、寻找亮点、做大特色。三是系统研究，把革命老区的红色历史放在全省、全国的大背景下来考察、思考、研究，比如金寨在鄂豫皖苏区、在全国的大背景下处于一个什么样的位置、起到了哪些重要作用，把金寨与鄂豫皖苏区的关系和联系、金寨在全国的重要位置和突出贡献研究深、研究透，以此充分挖掘其潜在的价值和重要的意义。四是与时俱进，用发展的眼光、时代的思维来研究革命老区的红色历史，看看哪些成功的经验至今仍然具有重要的现实意义，哪些有益的做法至今仍然具有借鉴的价值；想一想我们今天应该从中汲取哪些智慧和力量，真正做到学史明理、学史增信、学史崇德、学史力行，真正做到以史为鉴、古为今用。

**（三）要充分挖掘感人红色故事**

从历史入手，从人物入手，特别要注重从红色文物入手，充分挖掘红色文物背后的感人故事。文物是历史的见证，文物是故事的支撑。用红色文物讲故事，可以达到感动人、震撼人、事半功倍、一举多得的良好效果。我们一定要学会挖掘、整理、加工、打造文物背后故事的本领，让红色文物说话，用经典故事吸引人、感染人、教育人。

**（四）要编辑出版一批红色文化书籍**

要及时地、尽快地把各类红色文化研究成果撰写成文、编纂成书。要立足老区实际、突出地方特色，以革命历史、革命事件、革命人物、革命遗址，以起义故事、长征故事、抗日故事，以红军人物、八路军人物、新四军人物、志愿军人物等不同的主题编纂出版系列红色文化图书，要突出全景式、系列化、故事性，要在充分尊重历史的前提下，切实增强故事的可读性，让历史生活化、让生活故事化、让故事艺术化，努力创作并出版出一批既真实可信又感人肺腑的红色书籍。

**（五）要新建扩建一批红色纪念场馆**

习近平总书记指出，革命博物馆、纪念馆、党史馆、烈士陵园等是党和国家红色基因库。要讲好党的故事、革命的故事、根据地的故事、英雄和烈士的故事，加强革命传统教育、爱国主义教育、青少年思想道德教育，把红色基因传承好，确保红色江山永不变色。我们要对原有的纪念场馆进行改建扩建、提升完善，对新建的纪念场馆进行全面规划、严格把关。要在突出红色主题、展示革命历程的基础上，注重统筹好本地各种纪念场馆的展陈工作。一是要统筹各种纪念场馆的展陈主题和核心内容，努力做到不千篇一律，努力做到各具特色。在展陈内容上要实行差异化，在展陈方式上要突出特色化，在讲解引导上要追求鲜明的个性特征。比如，安徽省金寨县的革命博物馆，就要立足于“全”、突出于“史”，全面展示波澜壮阔的金寨革命史。金寨县立夏节起义旧址，就要紧紧围绕立夏节起义这一个重要的革命历史事件，全面展示其来龙去脉，要立足于“专”、着眼于“特”。二是要通过采取丰富的展陈手段、灵活的展示方法，让红色历史“活灵活现”、让战斗场景“真实再现”、让英雄人物“与观众见面”、让感人故事“使来者心灵震撼”。三是要切实加强红色纪念场馆的建设与管理、利用与服务，加大资金支持力度，把纪念场馆建设好、管理好，让红色场馆充分发挥潜在的效能、积极的作用。四是要确保通往纪念场馆的道路畅通、供电正常，保障必备的展示展陈条件。

**（六）要着力打造一批红色教育基地**

要根据党史教育、党性教育、干部教育、革命传统教育、爱国主义教育、青少年思想道德教育等各种教育的需要，在革命老区选择一批地位重要、意义重大、基础较好、条件成熟的革命遗址遗迹和红色纪念场馆，按照现场教学的需要，着力打造一批示范性、引领性的红色教育基地。同时，要切实做好与之配套的红色教育精品线路的设计与建设工作。比如，目前的金寨，一要集中精力把县城和“西线”做好做完善，重点是县革命烈士陵园、梅山水库大坝、红二十五军军政机构旧址、丁埠大王庙、汤家汇红色小镇；二要把“中线”做好做完善，重点是花石乡大湾村和汪家老屋（新四军四支队兵站）；三要把“东线”做好做完善，重点是响洪甸水库、茶谷、刘晓松墓、燕溪小学旧址、西镇暴动旧址。未来，要在这三条线路上逐步增加新的教育基地，不断打造新的“精品线路”。比如，在“西线”，可以逐步增加吴家店穿石庙、斑竹园朱氏祠、南溪吕家大院、葛山公安烈士墓、汤家汇瓦屋基列宁小学、豹迹岩胡氏祠、笔架山农校旧址、双河洪学智将军旧居、全军熊家河红二十八军纪念塔等红色教育基地。

**（七）要聚力打造一批精品力作**

很多革命老区红色资源开发利用工作的基础很扎实、资料很丰富，但缺少一批可圈可点、影响深远的精品力作。要积极争取项目、切实加大投入，拍几部容量大、叫得响、形象新、影响广，能够立体反映革命老区红色历史的大型影视剧；要在中央媒体上做宣传、发文章、造声势，要千方百计地加大革命老区的宣传推介力度，要千方百计地扩大革命老区的影响。

**（八）要倾力打造一批标志性的建筑工程**

县界接壤处、高速下道口，县城主要街道、乡镇红色纪念场馆附近，都要规划建设一批标志性、专业性的户外广告、宣传标语、巨幅画像、红军雕塑，着力营造一种让人感觉到“一进金寨、满眼皆红”、让人感受到“一进金寨、红流滚滚”的浓厚氛围。

**（九）要精心培育一批红色宣讲人才**

要大张旗鼓、不遗余力、长期不懈地面向全省、全国广泛深入地宣传革命老区的红色历史、红色人物、红色故事、红色精神。要两眼向内、全面深入地开展红色宣传、红色教育，让老区人民自己了解本地党组织是怎么建立和发展的，组建了哪些红军队伍，发生过哪些重大的革命历史事件，老区人民为了中国革命的胜利和新中国的诞生与发展作出了哪些重大的牺牲和无私的奉献，让老区人民切实增强光荣感、自豪感、荣誉感、幸福感，切实增强不忘先辈革命遗志、不负红军流血牺牲、不断加快经济社会发展的责任感、使命感、紧迫感，坚定老区人民一往无前、勇往直前的信心和决心。要精心培育红色宣传、红色讲解队伍。这支队伍既包括红色文化研究者、宣传者，红色场馆的讲解员、管理员，各景区的导游员，也包括各级各类学校的老师、县乡村各级干部，还包括广大出租车驾驶员。大家都要学红色历史、讲红色故事，利用一切可以利用的机会，充分发挥各自的优势、大力宣传革命老区，努力让其尽快地红起来、热起来、火起来。还可以组建一支专业性较强、门类较广的红色宣传队伍，通过在县内各乡镇、各单位、县外相关地区和高校去不断地举行宣讲会、报告会、演出会，努力把革命老区的品牌做得更大更响、影响做得更深更远。对广大红色文化研究者、工作者要在政治上高看一眼、工作上厚爱一层，努力让红色产业成为老区最光荣的产业，让红色行业成为老区最光辉的行业，让红色传人成为老区最受尊重、最受羡慕的人。

**（十）要把开发利用红色文化资源与“四史”教育紧密结合，与乡村振兴、红色旅游紧密结合，与对外宣传推介、招商引资紧密结合**

开发利用红色资源的作用很多、意义很大，除了具有传承红色基因、教育子孙后代的政治功能外，还可以促进红色旅游发展、壮大红色产业规模。要对各种红色资源进行有效整合，对各种开发利用红色资源的方式方法进行深度融合，把城镇乡村融为一体，统筹协调、优化配置，加快形成发掘、利用红色资源的强大合力，让红色资源在新时代、新征程中，不断发挥新优势、焕发新生机、迸发新活力。要想方设法地把红色资源用起来，使其物尽其用、人尽其能，充分发挥红色资源印证历史、教书育人、资政兴业、传承红色基因、带动旅游发展、促进社会全面进步等各种功能和作用。要千方百计地使红色场馆热起来、红色文物火起来、红色资源动起来、红色氛围浓起来、红色环境优起来，千方百计地促进红色资源大利用、红色产品大开发、红色旅游大发展、红色产业大繁荣。

## 三、要把发掘好、利用好红色资源的措施“订得更实”

红色产业是集挖掘开发、研究运用于一体，链条较长的一个产业，必须要有一个高规格、能统筹的组织机构来统筹协调，一手抓研究、一手抓运用，两手齐抓、共同发展。要建立目标责任制、工作考评制、跟踪督查制、考核奖惩制，对思想清、态度正、措施实、效果好、发展快的先进集体和先进个人给予精神上、物质上的奖励，努力在革命老区形成一种你追我赶、争先恐后的发展态势，以此赢得快速发展、全面进步的良好局面和显著成效。金寨县委、县政府根据革命老区的自身实际，把积极创建“红色基因传承示范县”作为“十四五”时期全县经济社会发展的首要战略写进了党代会、人代会的工作报告。这无疑是一种立足自身、切合实际的科学决策，无疑是一种自我加压、加快发展的务实之举，全县上下都应该积极响应、强力推进。我们要对标习近平总书记最新的重要讲话精神，进一步厘清创建工作的思路、实施方案、责任落实情况，把创建工作的任务一项一项地落实到人，确保创建口号不落空、创建目标不摇摆，一步一个脚印地抓下去，让习近平总书记“七一”重要讲话精神率先在革命老区落到实处，及早生根、开花、结果。

（作者：胡遵远，原载《实践论坛》2021 年第 3 期）

# 让老区人民过上更加幸福美好的新生活

## ——学习党的十九届六中全会精神的思考

党的十九届六中全会是我们党在成立100周年的重要历史时刻、在向第二个百年奋斗目标迈进的重大历史关头召开的一次重要会议。会议聚焦一个前所未有的宏阔课题：从党的百年奋斗中看清楚过去我们为什么能够成功、弄明白未来我们怎样才能继续成功，从而更加坚定、更加自觉地践行初心使命，在新时代更好地坚持和发展中国特色社会主义。

会议审议通过了《中共中央关于党的百年奋斗重大成就和历史经验的决议》（以下简称《决议》）。《决议》开创性地提出“两个确立”的决定性意义，系统性地总结“4个历史时期”的伟大成就，全局性地概括“10个坚持”的历史经验，向全党同志发出了在新时代新征程上赢得更加伟大的胜利和荣光的战斗号令。在这个重要的《决议》里，我们党把“坚持人民至上”作为一条重要的历史经验写入其中。

党的十八大以来，以习近平同志为核心的党中央提出以人民为中心的发展思想，坚持一切为了人民、一切依靠人民，始终把人民放在心中最高位置、把人民对美好生活的向往作为奋斗目标，推动改革发展成果更多更公平地惠及全体人民，推动共同富裕取得更为明显的实质性进展，把14亿中国人民凝聚成推动中华民族伟大复兴的磅礴力量。

习近平总书记指出，2021年是中国共产党成立100周年，我们党发展壮大起来不容易，夺取政权不容易，建设新中国不容易。老百姓衷心拥护中国共产党，就是因为中国共产党始终全心全意为人民服务、为各民族谋幸福。

### 一、“江山就是人民、人民就是江山”，人民立场是党的根本政治立场，引领百年大党取得了一个又一个伟大胜利

习近平总书记指出，江山就是人民、人民就是江山，打江山、守江山，守的

是人民的心。这是中国共产党人民观、执政观的集中表达，体现了我们党把人民放在心中最高位置的党性原则。

纵观我们党的百年奋斗历史，实际上就是一部为人民打江山、守江山的历史。回望波澜壮阔的百年党史，“人民至上”从来都不是一句空洞的口号，而是一代代共产党人的生动实践。从石库门到天安门，从兴业路到复兴路，从 1949 年“人民万岁”的声音响彻中国，到今天“人民至上”的理念深入人心。中国共产党自成立以来，始终都把“为中国人民谋幸福、为中华民族谋复兴”作为自己的初心使命。从“人民创造历史”的唯物史观，到“一切为了人民”的政治立场；从“紧紧依靠人民”的工作路线，到“全心全意为人民服务”的根本宗旨，一部中国共产党的历史，就是一部不断践行初心使命的历史、一部党与人民心连心、同呼吸、共命运的历史。虽然，党在不同历史时期的工作重心在不断地发生变化，但是“人民至上”的理念始终未变，立党为公、执政为民的理念始终未变，为人民的利益不懈奋斗的情怀始终未变，全心全意为人民服务的根本宗旨始终未变，密切联系群众的工作路线始终未变。

这一点，金寨县的革命史、斗争史、发展史就是很好的见证。新中国成立特别是改革开放以来，勤劳勇敢的金寨人民在党的正确领导下，始终保持勇往直前的进取精神，持续开展波澜壮阔的创新实践，坚持用深化改革破解发展中的难题、用脱贫攻坚统揽经济社会发展全局，金寨县终于在 2020 年 4 月顺利实现了“户脱贫、村出列、县摘帽”目标，老区人民甩掉了几千年来一直戴在头上的贫困帽子、过上了小康生活。

## 二、依靠人民是党的智慧和力量的源泉，人民是我们党执政的最大底气，是我们共和国的坚实根基，是我们强党兴国的根本所在

《决议》指出，党的根基在人民、血脉在人民、力量在人民，人民是党执政兴国的最大底气。我们党能够攻克一个又一个难关，创造一个又一个人间奇迹，根本原因就在于始终坚持人民至上。党与人民风雨同舟、生死与共，始终保持血肉联系，是党战胜一切困难和风险的根本保证。

人们都说，延安革命根据地政权“是陕北人民用小米哺育出来的”，淮海战役“是人民用独轮小车推出来的”，渡江战役“是人民用小船划出来的”……历史和现实都充分说明：人民是历史的创造者，人民是真正的英雄。

从数万群众苦干 10 年，在悬崖峭壁间修成“人工天河”红旗渠，到小岗村民按下红手印、吹响农村改革的号角；从几代林场人将塞罕坝从黄沙荒原变为茫

茫林海，到成千上万追梦人将南海边的那个“圈”变成日新月异的国际大都市……每一个新生事物的产生和推进、每一个方面经验的创造和积累，无不来自亿万人民的实践和智慧。

习近平总书记强调，党和国家事业发展的一切成就归功于人民。只要我们紧紧依靠人民，就没有战胜不了的艰难险阻，就没有成就不了的宏图大业。

## 三、积极践行以人民为中心的发展思想，把“人民至上”的理念深深地根植于心、践之于行，在新时代新征程的“赶考”路上创造新业绩、塑造新辉煌

面对百年未有之大变局，站在“两个一百年”奋斗目标的历史交汇点上，我们党执政兴国的最大底气依然是人民，走好新时代的赶考之路，最可依靠的深厚力量依然是人民。时代是出卷人，我们是答卷人，人民是阅卷人。目前，我们的经济社会发展不平衡不充分的矛盾依然比较突出，群众需要解决的“急难愁盼”问题还有很多。我们必须把“让老百姓过上好日子”作为一切工作的出发点和落脚点，紧紧抓住发展这个解决一切问题的基础和关键，立足新发展阶段、贯彻新发展理念、构建新发展格局，扎实推进高质量发展，在加快发展中努力补齐短板，在新时代新征程的“赶考”中取得优异成绩。

今后一个时期，中共金寨县委将从党的百年奋斗重大成就和历史经验中汲取智慧和力量，大力弘扬伟大的建党精神，奋力谱写改革开放和社会主义现代化建设的新篇章；永远保持同人民群众的血肉联系，始终践行以人民为中心的思想理念，不断实现好、维护好、发展好最广大人民群众的根本利益，团结和带领全县人民积极争创红色基因传承示范县、“两山”理论践行先进县、区域协调发展特色县、乡村振兴样板县、基层党建创新县、美好生活幸福县，努力让老区人民过上更加幸福美好的新生活。

（作者：胡遵远，原载《江淮时报》2022 年 1 月 11 日）

# 落实党的十九届六中全会精神 用好红色资源 推进学院发展

## ——以安徽金寨干部学院为例

党的十九届六中全会是一次具有里程碑意义的会议。全会审议通过的《中共中央关于党的百年奋斗重大成就和历史经验的决议》是一篇承前启后、继往开来的马克思主义纲领性文献，是以史为鉴、开创未来，实现中华民族伟大复兴的行动指南。

全会从党的百年历史中总结的“十个坚持”，既是宝贵的历史经验，也为我们继承、发扬、拓展党的历史经验打开了新的天地、确立了基本遵循和基本框架。总结历史只有同观照现实、开创未来结合起来，才能把党的成功经验运用到新的实践中，在新的历史条件下推进党和国家事业更好发展。

各级党校、干部学院都要迅速行动起来，抓实抓深全会精神的学习贯彻。要围绕深入领会全会精神组织多种形式的学习研讨，要结合党校和干部学院的实际进行深入学习，注重提升学习的实效性。要组织学员进行各个层面的学习和交流，引导学员紧密联系自身情况深刻领会全会精神。在教学安排上，要尽快把全会精神融入教学内容、开设辅导报告、举行专题讲座，深入推进全会精神“进教材、进课堂、进（学员）头脑”。在研究宣传上，要组织力量对全会提出的一系列新思想、新观点、新论断开展深化研究，着力在主流媒体上推出一批具有较高学术价值的研究成果，校（院）媒体、网站要及时发出“党校（学院）”声音，有计划地从各个领域、不同角度深入阐释全会精神。当然，更重要、更关键的是，各级党校干部学院，特别是各地以开发利用红色资源为主要途径、进行干部教育培训的各级各类红色干部学院，如安徽金寨干部学院、河南大别山干部学院、湖北红安干部学院、江苏盐城新四军干部学院等，更要以务实的思想、科学的思路、有力的措施、快速的行动，在自身发展上、教育教学上全面贯彻落实全会精神。本文拟以安徽金寨干部学院为例，着重谈谈这些“红色干部学院”如何立足自身实际发挥红色优势、贯彻落实全会精神、纵深推进学院发展。

安徽省金寨县是中国革命的重要策源地、人民军队的重要发源地。2016 年 4 月 24 日，习近平总书记在金寨考察指导工作时，满怀深情地说："一寸山河一寸血，一抔热土一抔魂。回想过去的烽火岁月，金寨人民以大无畏的牺牲精神，为中国革命事业建立了彪炳史册的功勋，我们要沿着革命前辈的足迹继续前行，把红色江山世世代代传下去。革命传统教育要从娃娃抓起，既注重知识灌输，又加强情感培育，使红色基因渗进血液、浸入心扉，引导广大青少年树立正确的世界观、人生观、价值观。"

为认真贯彻落实习近平总书记的重要指示，充分发挥红色资源在干部教育培训中的重要作用，经省编办批准，安徽省金寨县在中共金寨县委党校的基础上加挂了"安徽金寨干部学院"的牌子，后又加挂了"安徽红色文化研究中心"的牌子。2020 年 4 月，省编委批准将中共金寨县委党校（安徽金寨干部学院、安徽红色文化研究中心）更名为"安徽金寨干部学院（中共金寨县委党校、安徽红色文化研究中心）"，为六安市委直属事业单位，并经省委组织部批准列入参照公务员法管理范围。

## 一、回顾过去，总结工作经验

几年来，在中共安徽省委组织部和六安市委组织部的精心指导下，在中共金寨县委、金寨县人民政府的坚强领导下，安徽金寨干部学院坚持"特色立院、红色育院、教研兴院、创新强院"的办学思路，"硬件建设学浦东、红色教育学延安、生态建设学井冈"，着力打造"全省一流、全国知名"的干部教育培训基地。基础建设不断完善，办学规模迅速扩张，教育教学和科研红研（红色研究）水平显著提高，现已成为中共安徽省委组织部主抓的"三学院两基地"和中共中央组织部确定的 64 个重要党性教育基地之一，国防大学、中央党校（国家行政学院）、中央社会主义学院、中国浦东干部学院、人社部、公安部、团中央等 50 多家单位先后在安徽金寨干部学院挂牌建立教育教学实践基地。自中共金寨县委党校加挂"安徽金寨干部学院"牌子以来，开展党员干部培训 2800 多期、20 余万人次。2021 年努力克服新冠肺炎疫情的影响，累计开展各级各类培训 4000 多期、3 万余人次。

应该说，安徽金寨干部学院虽然建立时间不长，但是发展很快势头很好，突出表现有三个方面：

一是校园美。在中共六安市委、金寨县委的坚强领导下，在六安市人民政府、金寨县人民政府的重视下，在安徽金寨干部学院（中共金寨县委党校）领导班子的奋力拼搏下，很快地建起了一座环境优雅、布局合理，设施完善、功能齐全的美丽校园，在全省是一流的、在全国也是领先的。

二是局面兴。安徽金寨干部学院的各项工作有特色、有成效。机关党的建设得到切实加强、教学科研工作向着高质量方向迈进、后勤保障工作规范有序，特别是对外培训工作可以说是异军突起、超常发展，年均培训达 3 万—4 万人。规模大、生源广，广泛地宣传了六安、宣传了金寨。

三是势头好。特别是学院领导班子组建运行以来，学院的科研红研工作形势好、成果多，有的同志被评为“全国基层理论宣讲先进个人”，有的同志在省市业务竞赛中获一等奖、二等奖；2021 年全院在公开发行的报刊上发表论文、文章近 100 篇，编辑出版红色书籍 5 本。这些都是非常令人振奋的，也是来之不易的。

安徽金寨干部学院为什么能够在短期内实现这样快的发展、取得这样好的成绩呢？我们认为，主要得益于以下 6 个方面：

一是始终坚持党的领导。中共六安市委、金寨县委对学院的发展高度重视，主要领导亲自过问、分管领导着力狠抓，为学院的发展指明了前进方向、提供了政治保障。

二是始终坚持主动担当。金寨县委、县政府在学院的硬件建设、人才引进等许多方面，不等不靠、积极作为，舍得投入、肯下“血本”，不断强化了学院的硬件建设、软件建设。

三是始终坚持以身作则。学院领导班子成员无论是在理论学习、红色研究教育教学、咨政调研、红色宣讲、撰文著书，还是在遵规守纪、团结协作、凝聚人心方面，都能做到身先士卒、率先垂范，起到了“领头雁”“排头兵”的作用，上下齐心、心齐气顺、众志成城。

四是始终坚持以人为本。学院领导班子成员能够从实际出发，设身处地为广大教师和学员着想，真心实意地帮助大家解决一些实际问题，充分调动了大家工作和学习的积极性、主动性、创造性，形成了“心往一处想、劲往一处使”的良好局面。

五是始终坚持特色办学。安徽金寨干部学院因“红”而生、因“红”而兴。金寨县组建了 12 支成建制的红军队伍，孕育了 59 位共和国的开国将军，红色历史灿烂辉煌，红色资源积淀深厚，红色基因丰富多彩。对此，大家认识到位、措施有力，从办学思路到课程开发、从校园建设到氛围营造，都深深地打下了红色的烙印。事实也充分证明，打红色牌唱特色戏、走红色发展之路，是安徽金寨干部学院的特色之路、成功之路，也是根本之路。

六是始终坚持借势发展。广泛宣传推介、积极谋求共赢，吸引中直机关、部队院校来金寨挂牌合作，这既是扩大金寨、扩大学院影响力的得力之举、有效之举，也是安徽金寨干部学院借梯上楼、借船出海加快发展的成功之举。

## 二、面向未来，廓清发展思路

党的百年华诞刚刚过去，党的十九届六中全会刚刚召开，党中央和习近平总书记对未来的发展进行了深入思考、全面部署。学习新精神、把握新要求、紧跟新形势、开启新征程，我们不仅要对过去的工作进行全面的回顾，总结成绩、凝练经验、汲取智慧和力量，更要对未来的发展进行深入的思考，分析形势、明晰思路、研究对策和措施。怎样贯彻落实全会精神、着力做好干部教育培训工作？或者说，各级各类“红色干部学院”今后应该如何发展、怎样发展？笔者认为：

一要坚持一手抓挖掘、一手抓利用，坚定不移地走红色发展之路。红色是我们这些红色干部学院的独特资源、优势、品牌和特色，大家一定要立足老区实际，一手抓红色资源的挖掘与研究，一手抓好红色资源的开发与利用，让红色成为学院的主色、底色、特色，让“挖红色资源、写红色历史、著红色文章、讲红色故事、上红色课程、打红色品牌”成为学院工作的主基调、主旋律、最强音。

二要坚持一手抓外训、一手抓内训，坚定不移地走融合发展之路。安徽金寨干部学院及很多的红色干部学院都是与党校合署办公的，兼具学院和党校的双重属性，大家必须坚持一手抓外训、一手抓内训，在人员分工重点工作等方面，可以实行分工负责、各司其职，在红色资源开发、设施设备利用等方面，可以实行资源共享、设施共用，努力降低工作成本、提高使用效益。两者要相互借鉴、相互支持、相互促进、共同发展。

三要坚持一手抓教学、一手抓科研，坚定不移地走全面发展之路。《中国共产党党校（行政学院）工作条例》明确指出，党校（行政学院）是党领导的培养党的领导干部的学校，是党委的重要部门，是培训党的各级领导干部的主渠道，是党的思想理论建设的重要阵地，是党和国家的哲学社会科学研究机构和重要智库。党校也好学院也罢，其不仅是一个教学单位也是一个科研单位，还是一个决策咨询服务机构，大家要切实担负起干部培训思想引领理论建设、决策咨询服务的历史重任。

四要坚持一手抓基础、一手抓提升，坚定不移地走品牌发展之路。品牌带动、名牌带动是加快发展的一种有效途径。

安徽金寨干部学院和部分红色干部学院有形根架已经拉开；良好局面开始形成，基础比较扎实，势头比较强劲。

在这种形势下，这些红色干部学院不能只和一般的县级党校比，要向中国井冈山干部学院、延安干部学院、浦东干部学院看齐，要着力打造一批精品红色教育线路，培育一批精品红色教学基地，培养一批金牌红色教员，制作一批精品红色视频，出版一批精品红色书籍；在教育教学、红研科研、品牌塑造等方面，要科学确定一批精品课题，编写一批精品教案，打磨一批精品讲稿，推出一批精品课程；在红色传承对外宣传、名牌带动等方面，要大力提倡积极鼓励院长、主任、教师走出老区、走进省城、走向首都，到国家级媒体、国字号高校，到中直机关、省直机关、军队院校、国有企业去讲课、去宣传，把老区的红色传播得更广更远、把老区的品牌做得更响更亮！

五要坚持一手抓引进、一手抓使用，坚定不移地走人才兴校之路。近几年，金寨县委、县政府给安徽金寨干部学院招录了很多年轻人，而且学历较高、基础较好。但是，这些人才扎根较难、成长较慢。这个情况，在其他一些红色干部学院同样存在。大家要积极探索、大胆尝试，认真做好人才引进、人才培养、人才开发工作，努力营造人尽其才、物尽其用、地尽其利的良好局面。在人才培养上、教育教学上、红研科研上、业务工作上，要舍得花钱、舍得投入，要建立并真正落实一些支持扶持年轻人茁壮成长的体制机制，要用真心感动人、要用待遇留住人、要用真情拴住人！

## 三、立足当前，狠抓发展重点

千里之行始于足下。笔者认为，当前，类似于安徽金寨干部学院的各级各类红色干部学院要着力狠抓 10 个方面的重点工作。

一要抓学习，提升理论素养。特殊的岗位、特殊的职业，需要我们这些红色干部学院的领导和教师认真学习，不断提升自身的政治素养、业务能力、工作水平。当前，要特别强调深入学习贯彻党的十九届六中全会精神，要认真学习、贯彻落实《中国共产党党校（行政学院）工作条例》，要用党的十九届六中全会精神引领红色干部学院的一切，要用《中国共产党党校（行政学院）工作条例》规范红色干部学院的一切。要学理论、学文化、学政治、学业务；要向书本学、向实际学、向历史学、向时代学；要灵活多样学、坚持不懈学，并且真正做到学以致用、学用结合，以学促干、以学带干。特别是各级领导同志，都要带头学率先学，要做懂行的领导、要做专家型的领导。

二要抓备课，提升教学水平。教学是党校（干部学院）一切工作的重点，也是主责主业。大家要集中精力、沉下身子，抓选题、做研究，抓备课、打基础，不断提升教育教学的能力和水平，切实增强教育教学的艺术和本领。

三要抓调研，提升服务能力。开展调查研究、做好决策咨询服务是《中国共产党党校（行政学院）工作条例》赋予党校和干部学院的一项新任务、新职责。

要想搞好参政议政，当好参谋助手，提出对策建议，就必须走基层、访农家、查真情、摸实情。大家要经常深入乡村开展调查，进行思考，多提有建设性、针对性、实用性、可操作性的意见和建议，多献有利发展、有利民生的真知灼见、远见卓识，努力为地方经济的发展献智出力、增光添彩。

四要抓特色，提升老区形象。各级各类红色干部学院的特色就是红色，红色就是特色。大家要集中精力，加大投入，挖掘红色资源，开发红色产品，传承红色基因，打造红色品牌，以红塑特、以特取胜，努力为革命老区的大发展、快发展贡献红色干部学院的智慧和力量。要正确处理好科研教研与教育教学的关系，深入挖掘红色资源、研究红色历史、编纂红色书籍、讲好红色故事，把红色引入课堂、把红色送向社会、把红色推介出去，让红色资源活起来、动起来，充分发挥它们的潜能和作用，努力为老区经济发展和社会进步作出积极的贡献；要正确处理好研究与教学、教学与宣传的关系，把红色干部学院的教学积极地融入“大宣传”的格局之中，不断拓展教学方式方法，拓宽宣传渠道；要站在发挥特色优势、用好红色资源服务地方建设、促进老区发展的高度，全面履行学院干部培训、思想引领、理论建设、决策咨询服务的光荣职责，努力开创工作新局面，全力谋求事业大发展。

五要抓班子，强化示范引领。火车跑得快，全靠车头带。各级各类红色干部学院一定要加强班子建设。第一是思想建设、组织建设、能力建设。空谈误国，实干兴邦。大家要做先行者、实干家，要做引路人、示范人！要做给教师看，带着教师干！这一点，大家务必高度重视！每一位分管教育教学和科研红研的班子成员，每一位二级机构的负责同志，都要做行家里手、榜样典型。学院的兴衰关键在此，学院的出彩希望在此！大家一定不能辜负组织的期望、历史的重托。第二是廉政建设、勤政建设。要行得正、坐得稳，勤政廉政、廉洁高效。第三是作风建设、效能建设。大家要务实肯干、守正创新、开拓奋进、铿锵前行。第四是环境建设、软件建设。要建设良好的、和谐的工作环境。团结出生产力、团结出战斗力，我们要像爱护自己的眼睛一样爱护团结。

六要抓队伍，凝聚工作合力。人心齐，泰山移。各级各类红色干部学院一定要想方设法地、千方百计地把队伍建设好，把人心凝聚好，把潜力发挥好，充分调动广大教师的工作积极性、主动性、创造性，让人们想干事、愿干事、能干事、敢干事、干成事的激情竞相迸发，热情长期保持，干劲日益倍增，成效逐步显现。

七要抓投入，增强发展后劲。在经济工作中，我们常说投资、消费和出口是“三驾马车”，投资也是拉动经济增长的一种有效方式。对于各级各类红色干部学院的发展来说，投资也是必要的、必须的。大到基础设施建设和各种硬件建设，小到各种业务开展和工作落实，都需要财力支持、资金支撑。投入与产出是成正比的，没有投入就不会有产出，更谈不上有收获、有成果。

八要抓宣传，努力提升形象。这里讲的宣传主要是指对红色干部学院自身的宣传。“酒香不怕巷子深”“皇帝女儿不愁嫁”的时代早已过去，要大力宣传学院的优势资源、卓越条件、特色课程、科研成果，大力宣传学院的先进人物、先进典型，大力宣传学院的办学成果、社会贡献，积极构建各级各类红色干部学院名校、名师、名课、名著四位一体，交相辉映的亮丽风景线。

九要抓管理，增强行动自觉。这里讲的管理包括教育教学管理、行政后勤管理等方方面面。要建章立制、规范管理，向目标管理要成果、向现场管理要质量、向长效管理要效益。

十要抓保障，确保全面进步。这个保障包括组织保障、领导保障、机制保障、经费保障等。各级各类红色干部学院一定要做到有人办事、有钱办事，要做到各项工作有人抓、有人管，要确保各项工作千帆竞发、齐头并进，确保各项事业蒸蒸日上、全面发展，以优异的成绩迎接党的二十大胜利召开！

（作者：胡遵远，原载《铁军纵横》2022 年第 1 期）

# 实施党建工作“领航”计划<br>当好红色“传人”

金寨是中国革命的重要策源地、人民军队的重要发源地，是全国著名的将军县。红色历史辉煌灿烂，红色资源积淀深厚，红色基因丰富多彩。2016 年 4 月 24 日，习近平总书记亲临金寨县视察时，曾满怀深情地说：“一寸山河一寸血，一抔热土一抔魂。回想过去的烽火岁月，金寨人民以大无畏的牺牲精神，为中国革命事业建立了彪炳史册的功勋，我们要沿着革命前辈的足迹继续前行，把红色江山世世代代传下去。革命传统教育要从娃娃抓起，既注重知识灌输，又加强情感培育，使红色基因渗进血液、浸入心扉，引导广大青少年树立正确的世界观、人生观、价值观。”

几年来，中共金寨县委党史和地方志研究室、金寨县档案馆一班人始终牢记总书记的谆谆教导，以全面加强机关党建工作为抓手、以认真实施机关党建工作“领航”计划为契机，抓党建、带业务，抓业务、促发展，着力在党史和红色文化研究开发上，当主角、挑重担，站前排、挑大梁，积极探索传承红色基因的新模式、新方法，收到了良好的效果、取得了显著的成绩：党支部书记、研究室主任、档案馆馆长被评为“全国档案系统先进工作者”、全省“基层理论宣讲”先进个人；单位被评为全省党史系统先进单位、卫生工作先进集体和全市城市机关党建、文明创建、党史研究及乡镇志、名村志编纂、档案资源开发利用工作等多个方面的先进集体；全县的党史和红色文化研究开发工作多次受到上级表彰和奖励，传承红色基因的“金寨模式”受到《光明日报》《安徽日报》《江淮时报》等主流媒体的高度关注，荣获全省 2020 年度优秀党史研究成果一等奖。

## 一、立足县情、主动作为，积极争做红色历史的研究者、红色文化的耕耘者

习近平总书记指出：“历史是最好的教科书。学习党史、国史，是坚持和发

展中国特色社会主义、把党和国家各项事业继续推向前进的必修课。这门功课不仅必修，而且必须修好。”党的十八大以来，以习近平同志为核心的党中央以强烈的政治自觉和深沉的历史自觉，高度重视对党的历史的总结运用，把学习党史提高到事关党和国家工作全局的重要地位。金寨县委史志室一班人深知责任重大、深感使命光荣，始终以满腔的热情、认真的态度、冲天的干劲，沉下身子抓研究、静下心来做学问，编纂出版了《金寨革命史》（修订本）、《金寨党史》（二卷）、《军旗猎猎：在金寨建立的十二支主力红军队伍》、《将军县的初心故事》等10多本历史书籍；撰写发表了《对“两源两地”理论的初步认识》《彪炳史册的立夏节起义》《红一军、红四军和红四方面军的历史贡献及现实意义》等一批有较高价值的理论研究文章，有的在公开发行的报纸杂志中发表，有的在全国性、全省性的征文研讨活动中获奖，有的被收入相关理论研讨会论文集。红色资源是老区的特有资源，必须想方设法地加大开发利用力度，充分发挥它们的积极作用。几年来，金寨县委史志室一班人积极为县委、县政府出谋划策、努力当好参谋助手，倾力把党史研究、党史教育、党史宣传和红色文化研究开发与党的建设、精神文明建设，与爱国主义教育、革命传统教育，与未成年人思想道德教育等有机地结合起来，充分发挥它们的“正能量”作用；努力把红色文化研究开发与脱贫攻坚、乡村振兴、基础设施建设、道路交通建设、城镇社区建设等相关建设有机地结合起来，充分发挥它们的“领路先锋”作用；努力把红色文化研究开发与红色研学、红色旅游、红色资源开发利用及长三角一体化发展等有机地结合起来，充分发挥它们的“生力军”作用，努力让红色资源物尽其用、让红色文化蔚然成风、让红色基因渗进血液、浸入心扉，确保红色江山千秋万代永不变色。

## 二、多式并举、广泛发动，积极争做红色文物的征集者、红色资源的挖掘者

俗话说，巧妇难为无米之炊。红色文物征集是红色文化研究开发工作的“第一道工序”。为了卓有成效地做好这项工作，金寨县委史志室一班人在自身积极行动、率先出征、广泛搜集、深入挖掘的基础上，建议县委、县政府将红色文物征集工作任务分解到全县各乡镇、县直各部门，实行全县动员、全员参与。经过全县上下的共同努力，几年来，共征集红军文物资料8000余件（份），其中相当一部分很有价值，为今后的党史和红色文化研究开发工作积累了丰富的资源、奠定了坚实的基础。

## 三、适应形势、灵活方式，积极争做红色故事的编纂者、红色宣讲的发声者

大胆探索、创新方法，通过采用“写故事、讲故事”的方式，让人们在娓娓动听、生动曲折、跌宕起伏、震撼人心的故事中受教育、获启迪、悟道理、汲养分。几年来，金寨县委史志室编纂出版了“八月桂花遍地开——金寨县红色文化系列丛书”、“将军县的红色故事系列丛书”、《金寨县红色精典故事》、《抗美援朝战场上的金寨人》等一大批红色故事书籍，受到了广大读者的青睐。

活化思路、借船出海，配合、支持省电视台拍摄制作了大型纪录片《二万五千里、同升一面旗》《八月桂花遍地开——金寨红色纪事》等，配合、支持央视拍摄制作了《丰碑》系列专题片等，实现了“借梯上楼快发展”。

倾力而为、广泛宣传，积极开展送党史、送红色基因“进学校、进军营、进机关、进社区、进企业、进乡村、进网络”活动。几年来，他们去省、到市、下乡、进村开展送党史、送红色基因活动200余场（次），直接听众近40000人（次）。他们的“十万英烈铸两源、伟大精神万代传”“红色家风励后人——金寨籍老红军、老将军的红色家风故事及启示”“长征先锋、百将之师——红二十五军的战斗故事及启示”“英雄大别山辉煌鄂豫皖——深刻理解大别山精神的核心要义”等专题课、特色课已经成为品牌课、示范课，不仅是金寨干部学院的主推课和“重头戏”，而且走进了省委党史研究院、省农业农村厅、安徽大学、合肥学院、皖西学院等多个省市领导机关和大学校园，并且受到了一致的好评。

撰稿发文、多路并进，几年来，金寨县委史志室先后在《人民政协报》《中国纪检监察报》《中国组织人事报》《学习时报》《解放军报》《农民日报》《祖国》《铁军》《中华魂》《百年潮》《军事史林》《大江南北》《党史纵横》《江淮》等60多种公开发行的报纸杂志中发表宣传红色金寨的专题文章600余篇，产生了较大的影响、收到了良好的效果。同时，分别以纪念抗日战争胜利70周年（2015）、红军长征胜利80周年（2016）、中国人民解放军建军90周年（2017）、改革开放40周年（2018）、中华人民共和国成立70周年（2019）、立夏节起义和六霍起义胜利90周年（2019）、红一军和鄂豫皖革命根据地创立90周年（2020）以及庆祝中国共产党成立100周年（2021年）为主题，全县发动、举县而为，每年开展一个系列纪念活动，受到了人民群众的普遍欢迎，产生了积极而深远的影响，扩大了金寨的知名度、展示了老区的新形象。

## 四、牢记重托、不辱使命，积极争做红色基因的传承者、红色精神的践行者

金寨县委史志室一班人聚焦主责、狠抓主业，始终牢记习近平总书记视察金寨县的重要指示精神，积极行动、主动作为，探索总结出渗透式、注入式、展陈式、课堂式、屏幕式、熏陶式、融合式、引领式等10种传承红色基因的“金寨模式”，不仅在省际理论研讨会上作了口头交流发言，而且受到了主流媒体的高度关注，荣获了全省2020年度优秀党史研究成果一等奖。

金寨县委史志室一班人胸怀全局、积极作为，充分发挥自身优势，主动参与县委党校教学研究工作、经常到金寨干部学院去兼课授课；努力为全县党员干部教育提供基础材料、编写培训教材；着力为全县党风廉政建设、纪律建设、作风建设尤其是干部职工的家风建设提供鲜活的典型事例、开展丰富的教育活动；积极配合支持人武、民政及退役军人事务局做好双拥和“全国红色基因库建设试点工作”；努力探索传承红色基因助力脱贫攻坚、促进乡村振兴的有效途径；经常深入乡村农户开展社会调查，撰写一些有情况、有分析的调研文章，提出一些切实可行的意见、建议，有的在公开发行的报纸杂志上发表、有的在市县内部专刊上刊载，为县委、县政府的科学决策提供坚实的基础。

几年来，在党建工作的引领下，金寨县的党史、县志、档案三项业务工作均居全市、全省前列，先后有几十篇理论文章和调研报告在国家级、省级各类征文评比活动中获得特等奖、一等奖；编纂出版的《话说红色金寨》获全省“五个一”工程特别奖；主要负责人被确定为全省高校系统优秀思想政治理论课示范课“巡讲团”成员、全省党史教育宣讲团成员；被安徽省历史文化研究中心聘为研究员、被合肥学院聘为客座教授，先后应邀参加了全国、全省20多场大别山精神研讨、红色文化研究开发等各种类型的研讨会，在公开发行的报纸杂志中发表了500多篇有关大别山精神研究、金寨红色资源开发利用及红色人物、红色故事的宣传文章。单位的机关党建、新时代文明实践活动等各项工作开展得有声有色、取得了良好的效果，很多年轻的同志开始爱上了党史研究工作，很多同志开始在红色文化研究开发、红色主题集中宣讲活动中崭露头角、受人关注，全体干部职工心齐气顺、热情高涨，到处是一片生机勃勃、春意盎然的喜人景象，《中国国防报》、《铁军》、求是网等多种主流媒体先后对中共金寨县委党史和地方志研究室、金寨县档案馆及相关人员的先进事迹作过专门的报道。

（作者：胡遵远，原载《祖国》2021年第18期）

# 第三部分

## 引领脱贫攻坚的革命精神

# 坚贞忠诚　牺牲奉献<br>一心为民　永跟党走

## ——永放光芒的大别山精神

大别山位于鄂豫皖三省交界地带，是长江、淮河的分水岭。大别山区包括安徽省六安、安庆，湖北省黄冈、孝感、随州，以及河南省信阳等地共 36 个县（市、区）。大别山区是马克思主义传播和党组织建立较早的地区之一，是中国革命武装斗争的重要爆发地（共爆发了黄麻、立夏节、六霍 3 大起义）、中国人民军队的重要发源地（土地革命时期成立了红三十一、三十二、三十三等 5 个师，先后诞生了中国工农红军第十一军、第二十五军、第二十八军等 12 支成军建制的人民军队，组建了红四方面军。抗日战争爆发后，国共两党合作，南方 8 省 14 个地区的红军游击队改编为新四军，这里又先后组建了新四军第四支队和新四军第五师）。大别山区还是解放战争“中原突围”和刘邓大军“千里跃进”的战略要地。大别山区是在党的领导下，紧紧依靠人民群众建立和发展起来的中国革命摇篮之一，是全国为数不多的、28 年革命武装斗争持续不断的、30 年革命红旗始终高高飘扬的根据地。

新中国成立以后，为根治淮河水患，国家又在大别山区修建了梅山、响洪甸等 5 大水库，建起了“人间天河”——淠史杭水利工程。改革开放以来，为了实现持续、协调、健康发展，国家又划分了生态功能区。大别山区作为重要的水源涵养地、绿色的生态保护屏障，发展受到了限制、开发受到了制约，老区人民为了祖国的建设和发展又一次做出巨大的牺牲和奉献。

大别山区的红色历史承载着波澜壮阔的革命史、舍小家顾大家的牺牲史、勇创新路的发展史，包括浴血奋战的斗争史、可歌可泣的奉献史、铸就辉煌的改革史。

安徽省金寨县地处大别山腹地，是中国革命的重要策源地、人民军队的重要发源地。2016 年 4 月 24 日，习近平总书记视察金寨县时，满腔热情地说：“一寸山河一寸血，一抔热土一抔魂。回想过去的烽火岁月，金寨人民以大无畏的牺牲精神，为中国革命事业建立了彪炳史册的功勋。”土地革命时期，金寨是鄂豫皖革命根据地的核心区、红四方面军的主要发源地；抗日战争时期，金寨是安徽省乃至大别山区抗日救亡运动的领导中心；解放战争时期，金寨是刘邓大军挺进大别山的“前指”所在地和人民解放军夺取全国胜利的前进基地。

在波澜壮阔、烽火连天的峥嵘岁月里，以金寨人民为代表的大别山人民用鲜血和生命创造了28年红旗不倒的伟大奇迹，铸就了“坚贞忠诚、牺牲奉献、一心为民、永跟党走”的大别山精神。

大别山精神是20个世纪20年代以来，在中国共产党的领导下，以金寨、红安、新县为代表的大别山区共产党人带领广大人民群众进行新民主主义革命、社会主义建设和中国特色社会主义建设进程中，用鲜血和生命凝聚成的一种以共产主义奋斗为价值取向的革命信念、革命意志、革命品质和革命行动的总和。它与井冈山精神、延安精神、沂蒙精神、西柏坡精神一样，都是中国共产党领导人民群众在不同时期、不同地域进行革命、建设和发展的精神载体，都是中华民族精神的重要组成部分。

凝练概括、继承弘扬“大别山精神”，既是对革命战争年代大别山区广大军民为了中国革命的伟大胜利、新中国的早日诞生和社会主义建设、发展所作出的牺牲、奉献的充分肯定和大力褒奖，也是协调推进“四个全面”战略布局、积极践行“五大发展”理念、加快革命老区脱贫攻坚步伐提供强大精神动力的现实需要，有利于加快全面小康建设进程，有利于实现中华民族伟大复兴的中国梦。

## 一、“坚贞忠诚”是大别山精神的核心本质

无论是在革命的初始阶段、高潮时期，还是在革命遭受挫折的危急关头，大别山军民始终对党无比热爱、无比忠诚。面对敌人反复多次的“围剿”“清剿”，大别山军民义无反顾地坚持革命斗争不动摇，临危不惧、初心不改，用鲜血和生命捍卫着红色政权。面对第四次反“围剿”失利、红军主力撤离的严峻形势，大别山人民依然积极响应党的号召，纷纷送郎、送子当红军，坚持敌后游击战，革命红旗不倒、革命薪火相传。面对敌人的残酷迫害、血腥镇压、威逼利诱，广大党员群众大义凛然、誓死不屈，在生与死、血与火的考验面前，舍生取义、视死如归。面对组织的误解和蒙受的冤屈，革命前辈们凭着对马克思主义的坚定信念、怀着革命必胜的信心，逆境不改初心、冤屈不变忠心，生命不息、战斗不止。

艰难方显本色，曲折逾显忠贞。这就是大别山精神的本质核心所在。正是因

为他们有了对党的无比忠诚，大别山人民才使得革命的星火燃遍全国，革命的事业从胜利走向胜利。

## 二、“牺牲奉献”是大别山精神的鲜明特征

革命战争年代，大别山区200多万人民投身革命，近100万人为国捐躯。仅金寨县就牺牲了10万人，占当时全县总人口的40%。新中国成立后，被追认为革命烈士的就有11000多人，占安徽省烈士总数的1/5、全国烈士总数的1/50。金寨地区涌现出许多三代英烈、满门忠烈的典型。

在漫长的革命岁月里，大别山人民节衣缩食、积极奉献，把最后一粒米当军粮、用最后一块布做军装、将最后一个儿子送战场，以巨大的牺牲换取革命的胜利。社会主义建设时期，大别山人民为治理淮河水患、支持国家建设，再次作出了巨大牺牲和奉献。仅金寨境内修建的梅山、响洪甸两大水库，就淹没了三大经济重镇、10万亩良田、14万亩经济林，10万群众离开故土、移居深山。

无论是在革命战争年代，还是在和平建设时期，舍小家、顾大家都是大别山军民的自觉行动，勇于牺牲、甘于奉献一直是大别山精神的最鲜明特征。

## 三、“一心为民”是大别山精神的根本所在

无数先烈闹革命、打天下、求解放的最初目的就是为了有饭吃、就是为了让广大无产阶级革命群众能够过上好日子。大别山区党组织和苏维埃政府从诞生之日开始，就一直坚持全心全意为人民服务的宗旨，始终与人民群众同甘共苦、患难与共，想群众所想、急群众所急，把百姓冷暖温饱放在心上，从最具体、最直接的事情做起，真真切切地、实实在在地解决群众的困难和问题。比如，为老百姓送医送药、车水抗旱、打井找水、割稻栽秧、修路架桥等等。为了使贫苦农民能够获得梦寐以求的土地，党领导广大军民建立红色政权，打土豪、分田地，开展轰轰烈烈的土地革命；为了保卫和巩固鄂豫皖苏区、改善群众生活，党和苏维埃政府制定了一系列经济政策，努力发展根据地经济，千方百计地帮助群众搞好生产；为解决根据地内劳动力缺乏问题，党领导农民群众建立劳动互助社、耕田队、换工队、耕牛站、耕牛合作社等互助合作组织，建立红军公田制度，帮助群众克服困难、发展生产。

1941年至1943年，日军疯狂“扫荡”太行山区，实施“铁壁合围”和烧光、杀光、抢光的“三光政策”。加上当时严重的自然灾害，太行军民进入非常艰苦的斗争时期。尤其是太行军区一分区的斗争形势显得更为激烈和艰苦。时任

一分区参谋长、金寨籍老红军王远芬和一般干部战士一样，每天顶多只能配给半斤小米，掺上野菜作两顿，半干半稀地吃个半饱。艰苦情况下，王远芬向大家发出号召：“我们一定要学习和发扬工农红军艰苦奋斗的光荣传统，咬紧牙关，克服困难，去夺取胜利。”他与士兵同甘共苦，经常到山上挖野菜充饥。冬天挖不到野菜，他就带领机关人员到几十里外的山村买玉米核，回来碾碎充饥。尽管这样，当他得知地方上发生了饿死人的悲剧后，立即带头节省口粮救济灾民，还带领干部战士帮助群众灭蝗、抗旱、翻地、种庄稼，爱护群众的一草一木。为了减轻人民的负担、确保军民共渡难关，他和军分区的全体官兵积极响应毛主席“自己动手，丰衣足食”的号召，加紧开展大生产运动。王远芬亲自带头上山开荒、种粮种菜，迅速缓解了粮菜短缺的困难。

## 四、“永跟党走”是大别山精神的永恒主题

早在1920年，大别山区就建立了马克思主义学习小组，1922年就建立了党组织。土地革命时期，大别山区相继爆发了著名的黄麻起义、立夏节起义和六霍起义，组建了50支主力红军队伍，其中金寨就组建了12支，位居全国第一。在长期的革命斗争中，大别山军民精诚团结、浴血奋战，面对困难和危险，他们坚忍不拔、百折不挠，为中国革命的胜利和新中国的诞生建立了彪炳史册的功勋。在红四方面军撤离鄂豫皖的艰难时期，一些被分散安置的红军战士，对党、对军队依依不舍，一直从金寨跟到川陕。三年游击战争期间，在与党中央失去联系、被敌人分割包围的情况下，红二十八军紧紧依靠大别山人民的鼎力支持、主动配合，在极端困难的环境中，拼搏奋战、辗转迂回，坚持了艰苦卓绝的革命斗争，留住了革命火种、保存了革命实力，大别山上的革命红旗永远不倒！在张国焘分裂党、分裂红军的危急关头，红四方面军广大将士与其进行了坚决的斗争，保证了党对人民军队的绝对领导，体现了人民军队对党的无限忠诚。西路军广大将士不畏强暴、舍身成仁，与“马家军”进行了殊死搏斗，谱写了悲壮的凯歌，一些被打伤打散的红军将士，怀着一定要“找到部队、回归组织”的坚定信念，历经千辛万苦、沿途乞讨回到陕北。在大别山区，有很多整村整庄、整个家族都参加革命、血洒疆场的红色典型，有很多家庭几代人都参加了红军，为了革命的胜利，他们前仆后继、英勇献身。漫长的斗争历程、无数的革命史实，见证了大别山人民不屈不挠、永跟党走的坚定信心和顽强意志。

解放后，大别山人民继承和发扬这种优良传统，时时处处听党话、步步紧跟共产党。根治淮河水患，大别山人民主动让出家园、良田；实行改革开放，大别山人民率先打破坚冰、扬帆起航；建设国家生态功能区，大别山人民自觉地奉献

出发展速度和经济效益。自从有了共产党，大别山人民就自觉地听党指挥、听党召唤、永跟党走！这一点，既是大别山精神的最难能可贵之处，也是必须长期坚持、永远不变的主题主旨。

大别山精神是一面鲜红的旗帜，在团结人民、战胜敌人、征服困难、取得胜利的长期革命斗争中发挥了不可替代的作用。在革命年代，它坚定了党和人民群众的信仰，汇聚起一股强大的革命力量，推动中国革命前行直至取得最后胜利。它是党带领人民继往开来、实现中华民族伟大复兴的重要法宝，是凝聚民心士气、振奋民族精神的强大动力。

2016 年 4 月 24 日上午，习近平总书记来到金寨县红军广场。在金寨县革命博物馆一楼大厅，讲解员向习近平总书记一行汇报了金寨县的有关情况和“三个十万”以及“大别山精神”。习近平总书记边听边点头，给予了赞许。

24 日下午，在金寨县花石乡，习近平总书记与村民们一起座谈脱贫攻坚工作时，特别强调要大力弘扬“大别山精神”。各级各部门和广大基层干部都要勇于牺牲、甘于奉献，千方百计地加快脱贫攻坚步伐，确保老区人民和全国人民一道共同迈入小康社会。

夺取中国革命的胜利离不开大别山精神，加快脱贫攻坚步伐、实现“两个一百年”目标，同样离不开大别山精神。在新的历史条件下，我们一定要传承红色基因、弘扬大别山精神，努力为决胜脱贫攻坚、全面建成小康社会作出新的更大的贡献！让大别山精神在新的长征途中永放光芒！

（作者：胡遵远，原载安徽纪检监察网，2020 年 7 月 24 日）

# 弘扬老区精神　攻克坚中之坚

## ——用大别山精神点亮金寨脱贫攻坚路

全国著名的革命老区——安徽省金寨县地处大别山腹地，是中国工农红军第四方面军的主要发源地，红二十五军的直接诞生地，红二十八军的战斗地、成长地和重建地，是鄂豫皖革命根据地的核心区。金寨同时也是一个集老区、山区、库区于一体的贫困地区，发展经济的基础条件差、制约因素多，多年来一直处于全国扶贫开发工作重点县行列。2016 年 4 月 24 日，习近平总书记到金寨视察，强调：打好脱贫攻坚战，必须继续发扬“大别山精神”，各级各部门和广大基层干部都要怀着对人民无比热爱的感情，按照中央提出的精准扶贫的要求，千方百计地加快脱贫攻坚步伐，让老区人民过上幸福美好的生活。习近平总书记所说的“大别山精神”，指的就是以安徽金寨、湖北红安、河南新县为代表的大别山区人民，在那烽火连天、波澜壮阔的峥嵘岁月里，用鲜血和生命铸就的“坚贞忠诚、牺牲奉献、一心为民、永跟党走”的大别山精神，和井冈山精神、延安精神、沂蒙精神、西柏坡精神一样，都是我党、我军、我国人民宝贵的精神财富。笔者认为，夺取中国革命的胜利离不开大别山精神，打赢脱贫攻坚战、实现“两个一百年”奋斗目标，同样离不开大别山精神。

### 一、必须始终坚持“坚贞忠诚”这个核心本质，坚决把脱贫攻坚作为最硬的政治任务、最大的民生工程紧抓不放

大别山精神的核心本质就是“坚贞忠诚”。无论是在革命的初始阶段、高潮时期，还是在革命遭受挫折的危急关头，大别山军民始终对党无比热爱、无比忠诚。面对第四次反“围剿”失利、红军主力撤离的严峻形势，大别山人民依然积极响应党的号召，纷纷送郎、送子当红军，坚持敌后游击战，确保了革命红旗不倒、革命薪火相传。艰难方显本色，曲折逾显忠贞。这就是大别山精神的本质核心所在！正是因为他们有了对党的无比忠诚，才使得革命的星火燃遍全国、革

命的事业从胜利走向胜利。

打赢脱贫攻坚战，事关全面建成小康社会、事关人民群众福祉、事关巩固党的执政基础、事关国家长治久安，是我党我军当前和今后一个时期最硬的政治任务、最大的民生工程。党的十八大以来，习近平总书记在不同时间、多种场合就脱贫工作作了一系列的重要论述。我们要时刻牢记全心全意为人民服务的根本宗旨，以实现革命的初衷、实现共产主义远大理想为己任，进一步增强脱贫攻坚的责任感、使命感、压力感、紧迫感；以习近平总书记系列讲话特别是视察金寨时的重要讲话精神为指导，从大别山区革命发展沿革和战斗历程中，汲取红色基因、发扬优良传统，全面落实中央关于精准脱贫的决策部署，争当脱贫攻坚的先锋模范；以改变老区贫穷落后面貌为抓手、以 71 个重点贫困村为主战场，进一步加大扶持力度，着力破解区域发展的瓶颈制约，努力解决民生领域的突出困难和具体问题，不断增强人民群众的自我发展能力，尽快提高人民群众的收入水平；以坚定不移的态度、改革创新的理念、精细精准的作风和攻坚拔寨的勇气，坚决打赢脱贫攻坚硬仗。

## 二、必须始终弘扬“牺牲奉献”的优良传统，全面落实脱贫攻坚的各项措施

在漫长的革命岁月里，大别山人民节衣缩食、积极奉献，把最后一粒米当军粮、用最后一块布做军装、将最后一个儿子送战场，以巨大的牺牲赢得了革命的胜利。社会主义建设时期，大别山人民为治理淮河水患、支持国家建设，再次作出了巨大牺牲和奉献。仅金寨境内修建的梅山、响洪甸两大水库，就淹没了三大经济重镇、10 万亩良田、14 万亩经济林，10 万群众离开故土、移居深山。无论是在革命战争年代，还是在和平建设时期，舍小家、顾大家都是大别山军民的自觉行动，勇于牺牲、甘于奉献一直是大别山精神的最鲜明特征。

笔者认为，推翻三座大山、解放全中国，需要牺牲奉献精神；建设社会主义、推进改革开放，需要牺牲奉献精神；打赢脱贫攻坚硬仗、实现全民小康，同样需要牺牲奉献精神；解放思想、开拓创新需要牺牲奉献精神；移民搬迁、告别故土离不开牺牲奉献精神；干部结对、驻村扶贫、扎根老区、攻坚拔寨更需要牺牲奉献精神……在新的“长征路”上，我们要牢固树立“创新、协调、绿色、开放、共享”的发展理念，紧紧抓住国家有关部委在金寨实施多项国家级改革试点的有利契机，积极传承红色基因、大力弘扬大别山精神，坚持以改革促脱贫、以创新增活力，积极探索符合县情实际的精准扶贫、精准脱贫新路子。特别要以实施全国农村宅基地改革试点、全国水库移民避险解困试点、全国农村金融综合

改革试点、国家级全域旅游示范区等改革试点为契机，大力开展光伏扶贫、帮助贫困户实现增收脱贫，引导和扶持居住在深山区的贫困群众通过“挪穷窝”“进城镇”实现转移脱贫，带动贫困户积极开展就业创业、实现稳定脱贫。

我们要继续发扬大别山人民的牺牲奉献精神，倾力做好党委主导、政府主抓、部门主推、干部主攻的各项工作，以各级党组织为战斗核心，努力形成引领群众脱贫攻坚的中坚力量；要查真贫、扶真贫、真扶贫，少搞“花架子”、多干务实事，要格外关注、格外关爱、格外关心困难群众，帮助他们想点子、找路子、筹资金、上项目、送技术、拓市场、搞服务、增收入，真正把脱贫工作当事业来干、把贫困村当家来建、把困难群众当亲人来看；要在脱贫攻坚中，进一步厘清思路、强化责任，进一步加强组织领导、强化保障支撑，县、乡、村三级都要制作脱贫攻坚作战图，层层签订脱贫攻坚责任书，树立鲜明的工作导向，建立严格的奖惩机制，确保收到“干部受教育、群众得实惠、攻坚见成效”的良好效果，确保如期实现“人脱贫、村出列、县摘帽”的攻坚目标。

## 三、必须始终扭住“一心为民”这个根本，千方百计凝聚脱贫攻坚合力

大别山区党组织和苏维埃政府从诞生之日开始，就一直坚持全心全意为人民服务的宗旨，始终与人民群众同甘共苦、患难与共，想群众所想、急群众所急，把百姓冷暖温饱放在心上，从最具体、最直接的事情做起，真真切切地、实实在在地解决群众的困难和问题。为了使贫苦农民能够获得梦寐以求的土地，党领导广大军民建立红色政权，打土豪、分田地，开展轰轰烈烈的土地革命；为了保卫和巩固鄂豫皖苏区、改善群众生活，党和苏维埃政府制定了一系列经济政策，努力发展根据地经济，千方百计地帮助群众搞好生产；为解决根据地内劳动力缺乏问题，党领导农民群众建立劳动互助社、耕田队、换工队、耕牛站、耕牛合作社等互助合作组织，建立红军公田制度，帮助群众克服困难、发展生产。

我们党的根本宗旨就是全心全意为人民服务，最高理想和最终奋斗目标就是现实共产主义。由此可见，实施脱贫攻坚、实现全面小康，不仅是社会主义的本质要求，也是我们党必须履行的重要职责。我们“必须以更大的决心、更明确的思路、更精准的举措、超常规的力度，众志成城实现脱贫攻坚目标，决不能落下一个贫困地区、一个贫困群众”。这也是中央为全社会吹响的脱贫攻坚冲锋号、发起的决胜小康的总动员令、作出的当前和今后一个时期脱贫攻坚的总部署。习近平总书记来金寨视察时，再一次明确要求，全面建成小康社会，一个不能少，特别是不能忘了咱老区。学习、领会、贯彻、落实习近平总书记的重要讲话

精神，金寨更要进一步增强打赢脱贫攻坚硬仗的责任感、使命感、压力感、紧迫感。要进一步坚定信心、勇于担当，把脱贫的职责扛在肩上、任务抓在手上，把扶贫开发工作当作锤炼各级领导干部的主阵地、检验各种人才资源的“比武场”，激励各级干部到扶贫攻坚战场上“比高低、显身手”。要把扶贫开发同农村基层党组织建设有机结合起来，使村党级组织真正成为带领群众脱贫致富奔小康的主心骨、领路人。要根据贫困村的实际需求，精准选配第一书记，精准选派驻村工作队员。要鼓励和支持民营企业、社会组织和个人参与扶贫开发，力争做到每个贫困户都有一名党员干部或爱心人士结对帮扶。

## 四、必须始终紧扣“永跟党走”这个永恒主题，坚决打赢脱贫攻坚硬仗

无数事实证明：大别山精神的永恒主题就是“永跟党走”。早在 1920 年，大别山区就建立了马克思主义学习小组，1922 年就建立了党组织。在长期的革命斗争中，大别山军民精诚团结、浴血奋战，面对困难和危险，他们坚忍不拔、百折不挠，为中国革命的胜利和新中国的诞生建立了彪炳史册的功勋。在大别山区，有很多整村整庄、整个家族都参加革命、血洒疆场的红色典型，有很多家庭一家几代都参加了红军，为了革命的胜利，他们前仆后继、英勇献身。漫长的斗争历程、无数的革命史实，见证了大别山人民不屈不挠、永跟党走的坚定信心和顽强意志。

脱贫攻坚、实现小康是全党全国人民当前压倒一切的政治任务，精准扶贫、精准脱贫是党中央、国务院制定的重大战略部署。“实践证明，深度贫困并不可怕。只要高度重视，思路对头，措施得力，工作扎实，深度贫困是完全可以战胜的。”我们必须继承和发扬老区人民的光荣传统，大力弘扬大别山精神，始终坚持举党旗、听党话、跟党走，全面贯彻落实习近平总书记的重要讲话精神，在精准施策上出实招、在精准推进上下实功、在精准落地上见实效。

要做到识别更加精准，要本着对党忠诚的态度、按照实事求是的要求，实行逐户调查、公开评议、层层公示，确保一户不漏、一户不错、一户不假；要做到施策更加精准，制定出台教育脱贫、健康脱贫、兜底保障等十项脱贫“菜单”，实施农村道路、水利建设、电网改造等十大脱贫工程，因村确定扶贫项目、因户落实帮扶措施；要做到帮扶更加精准，把所有县乡单位和企业结对帮扶到村、所有干部结对帮扶到户，同时向全县重点贫困村派驻扶贫工作队，并确保扶贫队长“一律是共产党员、一律是单位骨干、一律兼任村第一书记、一律与原单位工作脱钩、一律吃住在村、一律纳入组织部选派干部管理”，教育和引导广大党员干

部立足工作岗位、奉献老区人民，坚决与贫困群众同甘共苦、患难与共，坚决做到贫困户不脱贫、帮扶对子不解散，贫困村不脱贫、工作队员不撤岗；要做到脱贫更加精准，及时建立“精准脱贫大数据平台”，确保退出的贫困户真正实现“两不愁、三保障”，确保不搞“数字脱贫”、坚决杜绝“被脱贫”现象，按照习近平总书记在深度贫困地区脱贫攻坚座谈会上的要求，“以必胜的信心，采取更加集中的支持、更加有效的举措、更加有力的工作”，全力推进各项扶贫措施，特别是在科学扶贫、合力攻坚上狠下功夫，最大限度地激发贫困群众的内生动力，坚决打赢这场“硬仗中的硬仗”、攻克坚中之坚，确保68万金寨老区人民同全国人民一道共同迈入全面小康社会。

（作者：胡遵远，原载《办公室业务》2018年第2期）

# 辉煌鄂豫皖　英雄大别山

## ——鄂豫皖革命根据地的历史贡献和伟大的大别山精神

鄂豫皖革命根据地是土地革命战争时期，中国共产党创建的规模较大的革命根据地之一。它以大别山区为中心，东接江淮平原，西扼平汉铁路，南濒长江，北邻淮河，与湘鄂西、湘鄂赣革命根据地互为犄角，同中央革命根据地南北响应，战略地位十分重要。

## 一、鄂豫皖革命根据地是中国革命的重要策源地

在这里，较早地成立了马克思主义学习小组，建立了中共基层党组织，爆发了著名的黄麻起义、立夏节起义（又称商南起义）和六霍起义，组建了中国工农红军第十一军第三十一师、三十二师、三十三师等。

在这里，较早地建立了鄂豫边、豫东南革命根据地，并且很快地统一起来，随后与皖西革命根据地一起形成了鄂豫皖革命根据地。这块根据地是当时全国六大革命根据地之一，实际上就是全国第二大革命根据地。根据地的政权、法制等各项建设都得到了很好地加强，总面积达 4 万余平方千米，人口约 350 万。苏区内建立了 26 个县苏维埃政府或革命委员会，普遍建立了工会、共青团、贫农团、妇女会、互济会、少年先锋队等群众组织，农民普遍分到了土地，兴办了兵工厂、被服厂等军事工业和造纸、染色、五金、印刷等民用工业，苏区的教育和医疗卫生事业也有了很大发展。

在这里，牺牲了一大批仁人志士和成千上万的革命英雄。革命战争年代，大别山区先后组建了 50 支主力红军队伍，占全国总数 151 支的 30%以上。先后有 200 万人参军参战，大多血洒疆场。

## 二、鄂豫皖革命根据地是人民军队的重要发源地

鄂豫皖革命根据地是中国工农红军的重要发源地。黄麻起义、立夏节起义、六霍起义胜利后，分别组建的中国工农红军第十一军第三十一师、三十二师、三十三师是我国早期工农红军的重要组成部分和重要武装力量。后来又相继组建了中国工农红军第四方面军及红一军、红四军、红二十五军、红二十七军、红二十八军等多支主力红军队伍。其中，中国工农红军第一军直属中央军委领导。此后，又相继组建了中央独立一师、中央教导二师等多支红军队伍。

鄂豫皖革命根据地是长征红军队伍的重要发源地。全国参加长征的 4 支红军队伍中，就有 2 支主要发源于大别山区。一支是红四方面军，一支是红二十五军。特别是红二十五军在长征途中创造了很多奇迹，写下了“五个第一和唯一”，被称为“长征先锋”“百将之师”。

鄂豫皖革命根据地是中共抗日武装力量的重要发源地。八路军第一二九师主要是由红四方面军改编而成的，八路军第一一五师主要是由红二十五军改编而成的，新四军第四支队是由红二十八军改编而成。这几支革命武装力量在抗日战争中都立下了汗马功劳，建立了不朽功勋。

鄂豫皖革命根据地是中国人民解放军的重要发源地。位于大别山腹地的金寨县是中国工农红军第一县，在土地革命战争期间，一共组建了 12 支成建制的主力红军队伍，比如：红二十五军、重建的红二十八军等，在全国建立的红军队伍支数最多。

## 三、伟大的大别山精神永放光芒

大别山的山，是英雄的山，大别山的人民真勇敢！是什么力量支撑着大别山人民克服了一切艰难险阻、从胜利走向胜利呢？是什么精神指引着大别山人民前仆后继、英勇战斗呢？我们认为，这一切靠的都是伟大的大别山精神。大别山精神可以用“坚贞忠诚、无私奉献、一心为民、永跟党走”这十六个字来表述。

“坚贞忠诚”是大别山精神的核心本质。无论是在革命的初始阶段、高潮时期，还是在革命遭受严重挫折的危急关头，大别山军民始终对党无比热爱、无比忠诚。面对敌人反复多次的“围剿”“清剿”，大别山军民义无反顾地坚持革命斗争不动摇，临危不惧、初心不改，用鲜血和生命捍卫着红色政权。面对第四次反“围剿”失利、红军主力撤离的严峻形势，大别山人民依然积极响应党的号召，纷纷送郎、送子当红军，坚持敌后游击战，革命红旗不倒、革命

薪火相传。面对敌人的残酷迫害、血腥镇压、威逼利诱，广大党员群众大义凛然、誓死不屈，在生与死、血与火的考验面前，舍生取义、视死如归。面对组织的误解和蒙受的冤屈，革命前辈们凭着对马克思主义的坚定信念、怀着革命必胜的信心，逆境不改初心、冤屈不变忠心，生命不息、战斗不止。开国中将林维先就是一个非常典型的代表。他的人生充满了曲折，经历了从师长到伙夫、从伙夫到将军的特殊过程。艰难方显本色，曲折逾显忠贞，这就是大别山精神的核心所在！

“无私奉献”是大别山精神的鲜明特征。革命战争年代，大别山区 200 多万人民投身革命，近 100 万人为国捐躯。在漫长的革命岁月里，大别山人民以巨大的牺牲换取革命的胜利。社会主义建设时期，大别山人民为治理淮河水患、支持国家建设，再次作出了巨大的牺牲和奉献。仅金寨境内修建的梅山、响洪甸两大水库，就淹没了三大经济重镇、10 万亩良田、14 万亩经济林，10 万群众离开故土、移居深山。无论是在革命战争年代，还是在和平建设时期，舍小家、顾大家都是大别山人民的自觉行动。勇于牺牲、甘于奉献一直是大别山精神的最鲜明特征。

“一心为民”是大别山精神的根本所在。无数先烈闹革命、打天下、求解放的最初目的就是为了有饭吃，就是为了让广大无产阶级革命兄弟能够过上好日子。大别山区中共组织和苏维埃政府从诞生之日开始，就一直坚持全心全意为人民服务的宗旨，始终与人民群众同甘共苦、患难与共，想群众所想、急群众所急，把百姓冷暖温饱放在心上，从最具体、最直接的事情做起，真真切切地、实实在在地解决群众的困难和问题。为了使贫苦农民能够获得梦寐以求的土地，党领导广大军民建立了红色政权，打土豪、分田地，开展轰轰烈烈的土地革命；为了保卫和巩固鄂豫皖苏区、改善群众生活，党和苏维埃政府制定了一系列经济政策，努力发展根据地经济，千方百计地帮助群众搞好生产。

“永跟党走”是大别山精神的永恒主题。在长期的革命斗争中，大别山军民精诚团结、浴血奋战，面对困难和危险，他们坚忍不拔、百折不挠，为中国革命的胜利和新中国的诞生建立了彪炳史册的功勋。在红四方面军撤离鄂豫皖的艰难时期，金寨籍女红军林月琴等一些被分散安置的红军战士，对党、对军队依依不舍，一直从金寨跟到川陕。三年游击战争期间，在与党中央失去联系、被敌人分割包围的情况下，红二十八军紧紧依靠大别山人民，在极端困难的环境中，拼搏奋战、辗转迂回，坚持了艰苦卓绝的三年游击战争，留住了革命火种、保存了革命实力，使得大别山上的革命红旗永远不倒！漫长的斗争历程、无数的革命史实，见证了大别山人民不屈不挠、永跟党走的坚定信心和顽强意志。

大别山精神是一面鲜红的旗帜，在团结人民、战胜敌人、征服困难、取得胜利的长期革命斗争中发挥了不可替代的作用。在革命年代，它坚定了党和人民群众的信仰，汇聚起一股强大的革命力量，推动中国革命顺利前行直至取得最后胜利。它是党带领人民继往开来，实现中华民族伟大复兴的重要法宝，是凝聚民心士气、振奋民族精神的强大动力。我们认为，过去夺取中国革命的胜利离不开大别山精神，今天加快脱贫攻坚步伐、实现“两个一百年”目标，同样离不开大别山精神。在新的历史条件下，我们一定要铭记革命历史、传承红色基因、弘扬大别山精神，努力为决胜脱贫攻坚、全面建成小康社会作出新的更大的贡献！让大别山精神在新时代、新征程中放射出更加灿烂耀眼的光芒！

（作者：胡遵远，原载《铁军》2018 年第 10 期）

# 准确把握大别山精神的核心要义

大别山精神是20世纪20年代以来，在中国共产党的领导下，大别山区共产党人带领广大人民群众进行新民主主义革命、社会主义建设和中国特色社会主义建设进程，用鲜血和生命凝聚的一种以为共产主义奋斗为价值取向的革命信念、革命意志、革命品质和革命行动的总和。它与井冈山精神、延安精神、沂蒙精神、西柏坡精神一样，都是中国共产党领导人民群众在不同时期、不同地域进行革命、建设和发展的精神载体，都是中华民族精神家园的重要成员，都是中国共产党人革命精神“谱系”和伟大建党精神的重要组成部分。

笔者认为：研究大别山精神、提炼大别山精神表述固然重要，但是，更重要的是要把大别山精神的核心要义搞清搞透、搞深搞准，更重要的是要积极传承、大力弘扬伟大的大别山精神。对于大别山精神的核心要义，我们经过反复认真地研究，将其归纳总结为这样“四句话”。

## 一、信念坚定、对党忠诚

“信念坚定、对党忠诚”主要是指坚如磐石的理想信念、始终如一的坚贞忠诚，具体体现为广大共产党人在长期的革命斗争中对党忠贞、从一而终、严守秘密、威武不屈、宁死不从、视死如归。无论是在革命的初始阶段、高潮时期，还是在革命遭受严重挫折的危急关头，大别山军民始终对党充满信心、无比忠诚，临危不惧、初心不改，用鲜血和生命捍卫着红色政权。面对敌人的残酷迫害、血腥镇压、威逼利诱，广大党员干部大义凛然、誓死不屈，舍生取义、视死如归。

金寨第一个党支部的创始人詹谷堂，1929年9月被捕后，敌人3次用铁丝穿透他的胳膊游街、5次带他深夜陪斩，但是他每次都是挺起胸膛，高呼“共产党万岁”。敌人审问时，他痛斥敌人的罪行，并且说：天上有多少星星，地上就有多少共产党。在生命的最后时刻，他顽强地站起来，用鲜血在墙上写下“共产党万岁”5个大字。

湖北红安四区农协主席秦绍勤，面对敌人的酒宴、金钱、美女，始终一身正气、不为所动，“生是革命人，死是革命鬼”。面对敌人，秦绍勤大义凛然、威武不屈，敢于担当、勇于牺牲，“宁愿自己死，也不连累人”。

河南新县党的特派员杨超，虽然被敌人打得皮开肉绽、血肉粘衣，但他仍然昂首挺胸、大义凛然。面对敌人乌黑的枪口，杨超就义前仍然高声吟诵道：“漫天风雪漫天愁，革命何须怕断头？”

湖北省麻城县苏维埃主席、妇女主席万家达，生完孩子的第三天，国民党联防队来捉她，她挣扎着从床上爬起来，迅速将秘密文件烧毁，然后从容被捕。为了不泄密，在被敌人杀害前，她吞下了装有地下党和赤卫队花名册的梳妆盒的钥匙。

河南新县赤卫队大队长程儒香被捕后，在敌人残忍地割去他的舌头后，仍然以顽强的毅力和意志，忍着钻心的剧痛，把满口的鲜血一下子吐到刽子手的脸上……程儒香虽然牺牲了，但是他的英雄壮举感动了无数的人。

湖北省黄冈县的晏春山被人们誉为“大别山的江姐”。1935 年 5 月，由于坏人的告密，晏春山不幸被捕。敌人把晏春山带到郭家河敌军团部，进行审讯和拷打，灌辣椒水、上压杆、钉竹签、烙铁烧，无所不用其极。然而，晏春山却坚贞不屈，丝毫没有暴露组织的任何情况。敌人不死心，以死来威胁，把晏春山的双手反绑着，威胁她说：“今天你带着我们去找游击队，要是能找到，立即放你回去，你的孩子还正在等你哩。要是找不到游击队的话，你就别想回去了，我们就用石头把你砸死在山上！”面对凶恶的敌人，晏春山朝着远离游击队驻地的鸡公寨走去。当晏春山走到大花台崖顶时，突然转身，面对群敌，昂首挺胸、怒目而视，愤怒地说：“狗强盗，吃人的野兽，你们的日子不会长久的，共产党人是杀不绝的！红军游击队就在这山崖下边，跟我一块去找吧！”接着高呼：“中国共产党万岁！”“红军万岁！”然后纵身跳下悬崖、壮烈牺牲。晏春山用自己的鲜血和生命谱写了对党的忠诚之歌。

## 二、意志顽强、拼搏奋进

“意志顽强、拼搏奋进”主要是指英勇无畏、勇往直前、勇当先锋，坚韧不拔、百折不挠、不胜不休；为了革命奋勇争先、顽强拼搏；做工作有信心、有决心、有恒心、有毅力，干事业前仆后继、赴汤蹈火，不达目的决不罢休。同时也包含改革创新、争先进位、加快发展等内涵。

主力红军撤离大别山后，奉命坚守在大别山区的红军队伍和党员干部，在极其困难的条件下，以其顽强的毅力坚守在崇山峻岭之中，直到迎来革命的胜利，确保了红旗不倒、薪火相传。1932 年 7 月，在著名的霍邱保卫战中，敌人在飞机、大炮的配合下，炸开了城墙垛口、用机枪封住西门，并从三面包抄围攻。守城部队与敌人展开巷战、逐屋争夺、浴血拼杀，子弹打光了拼刺刀，刺刀拼弯了用枪托砸、用牙咬。有的战士为了不当俘虏而投井自杀，有的战士把武器砸坏、不让敌人得去，有的战士负伤被俘时高呼“共产党万岁”“红军万岁”，高唱《国际歌》，宁死不屈。最后，守城部队和地方党政人员撤到西城墙下一个叫“埋蛇沟”的地方。在敌人机枪的猛烈扫射下，前面的同志手挽手地组成人墙，用身体挡住敌人的子弹，掩护后面的同志撤退。红二十五军军长旷继勋在弹尽粮绝的情况下，手持大刀，与指战员们一起奋勇拼杀，身边 4 名警卫员全部壮烈牺牲，旷军长也数处负伤，最终从西门突围脱险。

第四次反“围剿”失败后，红四方面军向川陕转移时，红军将部分后勤人员进行遣散。时为红军服装厂工人的女战士、后为罗荣桓元帅夫人的林月琴，为了当红军，带领 10 多个女孩子，从金寨一直跟到川北。部队首长被他们的坚贞和忠诚所感动，又正式批准她们参加红军队伍。

从金寨走出的红二十五军，战士平均年龄在 14 岁左右，被群众称为“娃娃兵”“儿童军”。他们面对敌人的屠刀，响亮地发出“头是我爹娘给的，命是我个人的，共产党却是劳苦大众的，我们要的当然是共产党”“山村岩洞是我房，青枝绿叶是我床，野菜葛根是我粮，共产党是我的新爹娘”“一颗红心拿不出，头断血流不投降”的铮铮誓言。

在党的领导下，大别山区人民揭竿而起、义无反顾地积极投身到人民的解放事业中，历经血雨腥风，终于迎来了新中国的诞生。

在我们党从小到大、由弱到强、从挫折走向胜利这一历史进程中，大别山区军民不管形势多么险恶、斗争多么残酷，始终服从党的领导，始终坚信革命必胜，始终坚持斗争不动摇。1927 年党的八七会议召开之后，仅 3 个月，大别山区就毅然决然地发起了黄麻起义。1929 年又连续发起了立夏节起义和六霍起义，坚决反抗国民党的反动统治，创建了中国工农红军第十一军第三十一师、第三十二师、第三十三师，开辟了鄂豫边、豫东南和皖西革命根据地，建立了全国第二大革命根据地——鄂豫皖革命根据地。1932 年在红四方面军西征以后，鄂豫皖苏区在党的领导下，又建立了新的红二十五军和红二十八军。1934 年 11 月，遵照中央指示，新的红二十五军高举“中国工农红军北上抗日第二先遣队”的旗帜进行长征。鄂豫皖苏区在党的领导下，第三次组建了红二十八军，继续坚持革命斗争。抗日战争时期，在李先念同志的领导下，建立了鄂豫边抗日根据地。“中原突围”之后，刘名榜带领中共罗（山）、礼（山）、经（扶）、光（山）中心县委坚持大别山区的武装斗争，最终迎来了刘邓大军挺进大别山、迎来了解放的曙光。漫长的革命斗争历程，见证了大别山区人民群众意志顽强、不屈不挠的信心决心以及坚定不移的铿锵足迹。

## 三、胸怀全局、勇于牺牲

“胸怀全局、勇于牺牲”主要是指大局观念强、担当意识强，乐于奉献、敢于担当，舍小家、顾大家，小局服从大局、下级服从上级、全党服从中央。这句话也包含着纪律严明、作风务实等重要因素。

黄麻起义失败后，工农革命军鄂东军转移到黄陂木兰山开展游击战争，黄安、麻城两县尤其是七里、紫云、乘马、顺河等起义地区的人民，遭到反动派血腥屠杀。黄安县北乡农民群众被杀害者数以万计，仅在箭厂河一块不足 1 亩的田里就被杀害 300 多人。鲜血染红浸透了泥土，人们为记住这一血案，称这块田为“红田”。

在麻城县，国民党军一次就集体屠杀革命群众 400 余人。他们对被捕的共产党员和起义群众使用剖腹、挖心、剥皮、火烧等各种屠杀手段，疯狂摧残。

红四方面军主力战略转移后，蒋介石下令彻底摧毁鄂豫皖根据地，对“匪区壮丁一律处决”“匪区房屋一律烧毁”“匪区粮食分给铲共义勇队，搬出匪区外，难运者一律烧毁”，以达到“民尽匪尽”的目的。

在这场劫难中，黄安县被杀军民约 10 多万人，被毁房屋 10 万余间，抢走耕牛 3.5 万头。在麻城县的乘马、泗店、田铺一带方圆六七十里的地区内，被杀害的群众 2.4 万余人，被烧毁村庄 891 个，被抢走耕牛 1.4 万头。

在六安、商城两县边区“清剿”的曾万钟等部，在金家寨附近的柳树湾、古碑冲和上楼房 3 处，共枪杀、活埋共产党员、干部、群众 5600 多人。1934 年 11 月，红二十五军北上长征后，国民党沿用“有民即有匪，民尽匪尽”“宁愿错杀一千，不能漏掉一个”等血腥口号，纵兵烧、杀、抢、掠，所到之处变成一片废墟。

经扶县（今河南省新县）箭厂河附近的肖湾原有 500 多人，被“清剿”后仅剩下 60 人；油榨湾是一个几百人的村子，被“清剿”后仅剩下 15 人。以卡房为中心，南起天台山，北到凌云寺，西至莲花石，东到郭家河，方圆 90 里地区几乎变成无人区。

国民党第十一路军在立煌县（今安徽省金寨县）柳树庄，挖了一条几十里长的大沟，一夜间活埋苏维埃干部、群众 3500 余人。商城县反动头子顾敬之，每到一处就大喊大叫要开人肉铺子，在金寨汤家汇方圆百里范围内，杀害红军伤病员、军属和群众 1 万多人。敌第六十师刘镇华部在皖西大肆屠杀共产党员和革命群众，为向上级报功领赏，割下死难者耳朵达 7 担之多。1948 年 3 月，刘邓大军主力转移出大别山后，敌人又对这里进行了疯狂的“扫荡”和“清剿”，新县浒湾、箭厂河一带十室九空，黄安北、麻城东等地成为无人区。敌人在商南地区，实行了残酷的“三光政策”。

革命战争年代，大别山区有 200 多万人投身革命、近 100 万人为国捐躯。当时的金寨大约 23 万人，近四成的人口都为革命英勇地牺牲了。解放后，被追认为革命烈士的有 11000 多人，占安徽省烈士总数的 1/5。不仅家家有红军、户户有烈士、山山埋忠骨、岭岭皆丰碑，而且涌现出许多父子英烈、三代英烈、满门忠烈、全村忠烈的典型。

社会主义建设时期，为治理淮河水患、支持国家建设，大别山人民再次作出了巨大的牺牲和奉献。仅金寨境内修建的梅山、响洪甸两大水库，就淹没了包括县城金家寨在内的三大经济重镇、10 万亩良田、14 万亩经济林，10 万群众离开故土、移居深山。

无论是在革命战争年代，还是在社会主义和平建设时期，舍小家、顾大家，舍小局、顾大局都是大别山军民的自觉行动，勇于牺牲、甘于奉献一直是大别山精神的最鲜明特征。

## 四、一心为民、永跟党走

“一心为民、永跟党走”实际上就是党的根本宗旨在大别山精神中的具体体现。一切为了人民、一切依靠人民，与人们同甘共苦、与群众风雨同舟；万众一心、携手并进，军民同心、众志成城；得志不张扬、做官不贪腐，始终保持勤俭节约、艰苦奋斗的光荣传统；始终与人民群众保持血肉联系，想为群众之所想、急为群众之所急，办民之所盼、干民之所愿；不忘初心、牢记使命，铁心跟党走、永远不回头。大别山人这些优秀的品质，无疑都是大别山精神的重要组成部分。

无数先烈闹革命、打天下、求解放的最初目的就是为了让穷人有饭吃、让广大无产阶级革命群众能够过上好日子。大别山区党组织和苏维埃政府从诞生之日开始，就一直坚持全心全意为人民服务的宗旨，始终与人民群众同甘共苦、患难与共，想群众所想、急群众所急，把百姓冷暖温饱放在心上，从最具体、最直接的事情做起，真真切切地、实实在在地解决群众的困难和问题。比如，为老百姓送医送药、车水抗旱、打井找水、割稻栽秧、修路架桥等等。为了使贫苦农民能够获得梦寐以求的土地，党领导广大军民建立红色政权，打土豪、分田地，开展轰轰烈烈的土地革命；为了保卫和巩固鄂豫皖苏区、改善群众生活，党和苏维埃政府制定了一系列政策，努力发展根据地经济，千方百计地帮助群众搞好生产；为解决根据地内劳动力缺乏问题，党领导农民群众建立劳动互助社、耕田队、换工队、耕牛站、耕牛合作社等互助合作组织，建立红军公田制度，帮助群众克服困难、发展生产。

1941年至1943年，日军疯狂“扫荡”太行山区，实施“铁壁合围”和烧光、杀光、抢光的“三光政策”。加上当时严重的自然灾害，太行军民进入非常艰苦的斗争时期。尤其是太行军区一分区的斗争形势显得更为激烈和艰苦。时任一分区参谋长、金寨籍老红军王远芬和一般干部战士一样，每天顶多只能配给半斤小米，掺上野菜作两顿，半干半稀地吃个半饱。紧急情况下，王远芬向大家发出号召：“我们一定要学习和发扬工农红军艰苦奋斗的光荣传统，咬紧牙关，克服困难，去夺取胜利。”他与士兵同甘共苦，经常到山上挖野菜充饥。冬天挖不到野菜，他就带领机关人员到几十里外的山村买玉米核，回来碾碎充饥。尽管这样，地方上还是发生了饿死人的悲剧。当王远芬得知这个消息后，立即带头节省口粮救济灾民，还带领干部战士帮助群众灭蝗、抗旱、翻地、种庄稼，爱护群众的一草一木。为了减轻人民的负担、确保军民共渡难关，他和军分区的全体官兵积极响应毛主席“自己动手，丰衣足食”的号召，加紧开展大生产运动。王远芬亲自带头上山开荒、种粮种菜，迅速缓解粮菜困难。

开国中将林维先，1933年21岁时就当上了红八十二师师长，被打成“改组派”后，在公审大会上，全师战士为他求情，最后被开除党籍，下放到苦工队做苦工。面对冤屈和困境，林维先始终对党坚信不疑，带着苦工队用扁担同敌人作战，最后重新得到组织的信任，又从战士开始起步，直到营长、团长、新四军第四支队参谋长，1955年被授予中将军衔。

洪学智，我军唯一一位两授上将军衔的将军，他的一生“四起三落”，曾从总后勤部部长降为吉林省农机厅厅长，后又被下放到农场，长达17年之久。在此期间，洪学智始终坚信党、忠于党，积极努力、乐观向上，最终得以平反昭雪，重任总后勤部部长，并成长为党和国家的领导人之一。

革命战争年代，大别山区党组织和广大共产党员一心为民、永跟党走的光辉历程和优良品质得到了充分展示。特别是在革命的关键时期和困难时期，大别山区军民紧跟党走的政治品格极大地维护了党的团结、壮大了革命力量、加快了中国革命的历史进程。在张国焘分裂党、分裂红军的危急关头，广大红四方面军的将士与其进行了坚决的斗争，保证了中国共产党对人民军队的绝对领导。

广大西路军将士不畏强暴、舍身成仁，与“马家军”进行了殊死的搏斗、谱写了悲壮的凯歌。1946年6月，在决定中国命运的最关键时期，在震惊中外的“中原突围”战斗中，金寨人皮定均率领一纵一旅临危受命、掩护中共中央中原分局和中原军区主力突围。他们以崇高的大局意识和革命忠贞，巧用疑兵之计，成功地打乱了敌人的“围剿”计划，保证了主力部队的顺利突围。

在长期的革命战争年代，大别山区人民坚定不移地跟党走，从根据地的领导者到普通民众，毁家革命、矢志不渝、无限忠诚、革命到底。

大别山精神是中国共产党人彻底的革命精神，是升华了的民族精神，是中国共产党人领导人民群众争取民族独立和人民解放的时代精神，是展示中国共产党人形象的群体精神。

它不仅在长期的革命斗争中起到了积极的作用、作出重大的贡献、抒写了历史的辉煌，就是在中华人民共和国成立之后乃至今天，大别山精神仍然具有很强的指导性和现实意义。

习近平总书记指出，历史川流不息，精神代代相传。我们一定要始终牢记2016年4月24日习近平总书记亲临金寨视察指导工作时的殷殷重托：“要沿着革命前辈的足迹继续前行，把红色江山世世代代传下去。革命传统教育要从娃娃抓起，既注重知识灌输，又加强情感培育，使红色基因渗进血液、浸入心扉，引导广大青少年树立正确的世界观、人生观、价值观。”我们一定要弘扬光荣传统、赓续红色血脉，永远把包括大别山精神在内的革命精神和伟大的建党精神继承下来、发扬光大，牢记初心使命、坚定理想信念、践行党的宗旨，为加快建设新时代、新阶段现代化美好中国、奋力实现中华民族伟大复兴的中国梦而不懈努力、永远奋斗！

（作者：熊杨燕、胡遵远，原载《安徽大学报》2021年8月31日）

# 浅谈大别山精神的核心要义与传承弘扬

2021年是中国共产党成立100周年。习近平总书记指出："一百年前，中国共产党的先驱们创建了中国共产党，形成了坚持真理、坚守理想，践行初心、担当使命，不怕牺牲、英勇斗争，对党忠诚、不负人民的伟大建党精神，这是中国共产党的精神之源。"一百年来，中国共产党弘扬伟大的建党精神，在长期的奋斗中构建了中国共产党人的精神谱系，锤炼出鲜明的政治品格。

这些宝贵的精神财富跨越时空、历久弥新，集中地体现了党的坚定信念、根本宗旨、优良作风，凝聚着中国共产党人艰苦奋斗、牺牲奉献、开拓进取的伟大品格，深深融入我们党、国家、民族、人民的血脉之中，为我们立党兴党强党提供了丰厚滋养。要教育和引导全党大力发扬红色传统、传承红色基因，赓续共产党人的精神血脉，始终保持革命者的大无畏奋斗精神，鼓起迈进新征程、奋进新时代的精气神。

## 一、中国共产党人的革命精神

### （一）革命精神的实践基础和思想来源

中国共产党人的革命精神是党在领导人民群众进行革命、建设和改革实践过程中，在特定的历史时期和特殊的历史环境下形成的，集中体现中国共产党人政治觉悟、意志品质、思想道德和工作作风的一系列优良传统和革命风范。

任何精神形态（具体的某一种精神）的出现，都有一定的实践基础和历史条件，它必然扎根于本民族的传统精神与文化，并吸收和借鉴时代精神的精华，在长期的实践过程中孕育形成。

1. 革命精神根本上来源于党领导的革命、建设和改革的伟大实践

革命实践孕育革命精神，革命实践是革命精神发展的动力，革命精神推动革命实践发展。革命实践与革命精神的关系，决定了我们在开展中国共产党人革命

精神研究时要高度重视史实研究，尤其要重视开展党领导人民群众的不懈奋斗史、理论探索史和自身建设史研究，深入挖掘和充分利用史料，准确判断历史形势和把握历史脉络，坚持史论结合、论从史出，既实事求是地讲出历史的本然，又令人信服地讲出历史的所以然，这样才能增强研究的科学性和厚重感。

### 2. 革命精神的形成与发展离不开马克思主义的指导

坚定的理想信念是革命实践取得胜利的重要保证，是革命精神的核心要素之一，集中体现了马克思主义的立场、观点和方法。以人民为中心，是中国革命精神中蕴含的鲜明的群众观念，这一观念体现了马克思主义的根本立场。作为革命精神核心要素之一的“实事求是”，深刻反映了辩证唯物主义和历史唯物主义的基本观点，贯穿于马克思主义唯物论、辩证法、认识论各方面。无论是哪个时期，无论侧重哪个方面，革命精神中都始终贯穿着马克思主义基本原理，尤其是辩证唯物主义和历史唯物主义观点。可以说，中国共产党人革命精神是马克思主义理论在精神思想层面的生动体现。只有深刻把握马克思主义立场、观点和方法，才能把握革命精神的灵魂。

### 3. 革命精神是对中华优秀传统文化和民族精神的继承和升华

中华民族拥有五千多年的悠久历史，形成了丰富的传统文化和独特的民族精神。中华民族传统文化积淀深厚、博大精深，尤其是蕴含其中的讲仁爱、重民本、守诚信、崇正义、尚和合、求大同等思想观念，体现出中华民族特有的文化基因和价值理念。民族精神是一个民族赖以生存和发展的精神支撑。在漫长的发展历程中，中华民族形成了以爱国主义为核心的团结统一、爱好和平、勤劳勇敢、自强不息的伟大民族精神。这种民族精神在优秀传统文化的基础上凝练和总结而成，与传统文化相互作用，关系密切，可谓水乳交融。

“中国共产党从成立之日起，既是中华优秀传统文化的忠实传承者和弘扬者，又是中国先进文化的积极倡导者和发展者。”在领导革命、建设和改革实践过程中，中国共产党人始终高度重视优秀传统文化的传承和弘扬。比如：由优秀传统文化“天下兴亡，匹夫有责”思想中衍化出来的共产党人的担当精神，由“舍生取义”衍化出的牺牲精神，由“公而忘私”衍化出的奉献精神，由民本思想衍化出的“全心全意为人民服务”“以人民为中心的发展思想”。

### 4. 革命精神吸收和借鉴了世界文明优秀成果

马克思主义反对那种把无产阶级文化、社会主义社会同整个人类文明、资本主义社会对立起来、割裂开来的观点。无产阶级所创造的一切文化成果都是适应人类社会历史发展需要，在吸收人类社会发展过程中创造的一切积极文明成果的基础上，在无产阶级的革命和建设实践中创造出来的。中国共产党人革命精神的形成与发展同样吸收和借鉴了世界文明的优秀成果。在国外学习和吸收的新思想、新理论，所见所闻的文明成果，对早期革命家确立信仰、选择道路起到了不容忽视的作用，使他们能用宽广的眼界和胸襟观察和把握世界发展局势，对中国革命实践发挥了至关重要的作用，也对革命精神形成产生了积极影响。此外，我们党还十分注重在革命、建设和改革实践中吸收和借鉴国外先进理念和技术，为我所用。

因此，从一定意义上说，中国共产党人革命精神是马克思主义在中国的集中体现，是中华民族伟大精神在中国现当代条件下的革命性升华，是对近代以来中国革命奋斗精神的继续和发展。

### （二）大别山精神是中国共产党人革命精神谱系的重要组成部分

大别山精神是20世纪20年代以来，在中国共产党的领导下，在大别山区共产党人带领广大人民群众进行新民主主义革命、社会主义建设和中国特色社会主义建设进程中，用鲜血和生命凝聚的一种以为共产主义奋斗为价值取向的革命信念、革命意志、革命品质和革命行动的总和。它与井冈山精神、延安精神、沂蒙精神、西柏坡精神一样，都是中国共产党领导人民群众在不同时期、不同地域进行革命、建设和发展的精神载体，都是中华民族精神家园的重要成员、都是中国共产党人革命精神谱系和伟大建党精神的重要组成部分。

大别山精神受到了习近平总书记的充分肯定。2016年4月24日，习近平总书记来到大别山区安徽省金寨县。在金寨县革命博物馆，讲解员向总书记一行汇报了金寨县的有关情况和大别山精神。习近平总书记边听边点头，给予了很多赞许。24日下午，在金寨县花石乡大湾村，习近平总书记与乡亲们一起座谈脱贫攻坚工作时，就强调要大力弘扬大别山精神。他说，打好脱贫攻坚硬仗，必须继续发扬大别山精神，各级各部门和广大基层干部都要勇于牺牲、甘于奉献，千方百计地加快脱贫攻坚步伐，确保老区人民和全国人民一道共同迈入小康社会。

2019年9月16日至18日，习近平总书记来到河南信阳考察调研。18日，在听取河南省委、省政府工作汇报时，习近平总书记指出："鄂豫皖苏区根据地是我们党的重要建党基地，焦裕禄精神、红旗渠精神、大别山精神等都是我们党的宝贵精神财富。"

## 二、深刻理解大别山精神的核心要义

### （一）简析大别山精神的研究情况和多维表述

在大别山精神的概括总结上，各地都不尽相同，特别是在大别山精神表述语的提炼凝练上，可谓是仁者见仁、智者见智，存在多个维度的、多种不同的表述。

1. 地方政府概括总结的大别山精神

主要指红安、金寨、六安、信阳对大别山精神的一些归纳和总结。这些地方早期对大别山精神的概括、总结、提炼，并不是以“大别山精神”命名的，而是以大别山精神为依托，冠之以“某地精神”。

（1）大别山精神的“红安说”

第一种是“一要三不要”，即：要革命、不要钱、不要命、不要家。这句话通俗易懂，其核心是革命至上，革命利益高于一切。

第二种是“一图两不图”，即图奉献、不图名、不图利。意思浅显易懂，其核心是无私奉献。

第三种是“朴诚勇毅、不胜不休”。“朴诚勇毅”出自董必武同志在武汉中学任校长时制定的校训，“不胜不休”出自红四方面军军训。新中国成立后，董老曾明确指出其内涵：“朴是素也就是艰苦朴素；诚就是忠诚、诚实；勇就是勇敢；毅就是要有恒心、毅力，能够坚持。”即简朴、诚实、勇敢、坚毅，革命不取得胜利誓不罢休。这一精神蕴含了大别山人民多种优良品格。首先是简朴，无论战争年代还是和平时期，不奢侈不浪费，长期养成简单朴素的生活习惯，既是现实条件使然，也是内在品质的体现。其次是诚实，大别山赋予了当地人诚实守信的品质，童叟无欺，待人诚恳厚道，不仅邻里乡亲之间言而有信，个人对组织更是赤胆忠心，一片赤诚。再次是勇敢，艰苦恶劣的生存环境培养了大别山儿女面对各种艰难险阻，毫不畏惧、迎难而上，无论是面对敌人的围追堵截还是被捕以后的严刑拷打，不怕流血牺牲、勇往直前。最后是坚毅，表现的是执着与毅力，在革命的大风大浪里，大别山儿女始终坚持共产主义理想信仰。凭着顽强的毅力，坚定地沿着革命道路走下去。

（2）大别山精神之“金寨说”

1998 年，金寨县干部群众通过解放思想大讨论总结出“艰苦奋斗、勇于奉献、团结拼搏、创优争先”的“金寨精神”。这一精神是当地干部群众凝心聚力的重要支撑，具有丰富的内涵。

（3）大别山精神之“六安说”

2012 年，六安市发布了“六安精神”的内容，经过全市万人评议，最终确定“立德、奉献、创新、图强”为新时期的“六安精神”。立德——“六安精神”的品质，奉献——“六安精神”的核心，创新——“六安精神”的精髓，图强——“六安精神”的主题。

（4）大别山精神之“信阳说”

2012 年 11 月 7 日，在大别山精神研究课题成果新闻发布会上，信阳军分区政治部主任尚邦君代表大别山精神研究组发布最新成果，将大别山精神概括为“坚守信念、胸怀全局、团结一心、勇当前锋”16 个字。2013 年 4 月，中共河南省委党史研究室、信阳市委在河南新县召开大别山革命史与干部党性修养研讨会，研讨大别山精神，会议经过几个月的酝酿，征求方方面面意见，再次确认了这 4 句话 16 个字的表述，并得到省内外学者的广泛认同。

2. 专家学者凝练总结的大别山精神

原中央党史研究室副主任石仲泉把大别山精神总结为：坚守信念、对党忠诚，胸怀全局、甘于奉献，依靠群众、团结奋斗，不畏艰苦、勇当前锋。

中共河南省委党校专家刘晖、侯远长提出，大别山精神的主要内涵，包括坚守信念、对党忠诚，前仆后继、不怕牺牲，依靠群众、同甘共苦，胸怀大局、敢于担当。并对大别山精神的内涵进行了准确的定位：“坚守信念、对党忠诚”是大别山精神的灵魂，“前仆后继、不怕牺牲”是大别山精神的核心，“依靠群众、同甘共苦”是大别山精神的精髓，“胸怀大局、敢于担当”是大别山精神的风格。

河南学者丁同民等人将大别山精神表述为：坚守信念、对党忠诚；胸怀全局、勇于担当；实事求是、勇于创新；廉洁自律、无私奉献。

信阳师范学院的刘国胜认为，大别山精神，是指在 1921 年中国共产党诞生以来，直至 1949 年新中国成立这一特定历史时期，在大别山这一特定区域，由大别山地区的共产党人和人民群众在长期革命斗争的过程中，用鲜血和生命凝成的一种以为共产主义奋斗为价值取向的革命信念、革命意志、革命意识、革命品质和革命行动的总和。概括起来，大别山精神就是“信念坚定、意志顽强、意识先进、品质质朴、行动果敢”。在总的概括之下，他又把大别山精神分为六个层次，即大别山精神的主题思想：永远跟党干革命；大别山精神的核心内容：始终坚持共产党的领导，时刻依靠人民群众；大别山精神的内在动力：实事求是，善于创新；大别山精神的价值形态：坚定的共产主义信念的真理观；大别山精神的外部特征：万众一心，不畏强敌，英勇顽强，敢于斗争，百折不挠；大别山精神的品格特质：甘于奉献，敢于牺牲。这是目前所见资料中学术界专门对大别山精神所做的最早的较为完整的表述。

河南学者刘向阳将大别山精神总结归纳为：坚守信念、胸怀全局、团结奋斗、勇当前锋。他对这十六个字进行了进一步的解读和定位：坚守信念是大别山精神的灵魂，凝结的是大别山军民对党忠诚、威武不屈、坚韧不拔的精神；胸怀全局是大别山精神的核心，凝结的是大别山军民顾全大局、勇于牺牲、甘于奉献的精神；团结奋斗是大别山精神的风格，凝结的是大别山军民英勇无畏、百折不挠、携手共进的精神：勇当前锋是大别山精神的品质，凝结的是大别山军民听党指挥、勇于担当、积极进取的精神。

中共湖北省委党史研究室方城将大别山精神表述为：朴诚勇毅，不胜不休。目前，这种表述在湖北省学术界认同度较高。

湖北学者张威从四个方面探讨和总结了大别山精神，即：信念坚定，执着坚韧；敢于斗争，艰苦奋斗；朴诚勇毅，务实求真；万众一心，不胜不休。

中共安徽省委党史研究室副主任施昌旺把大别山精神总结为：坚定信念、威武不屈、众志成城、勇当先锋。

合肥陆军炮兵防空兵学院贾瑛将大别山精神表述为：信念坚定，对党忠诚；英勇顽强，敢打善战；甘于奉献，敢于牺牲；一心为民，军民团结；实事求是，善于创新。

安徽金寨县胡遵远、李业坤、张仁衮、胡本昌、沈雁明等人，在 2016 年 4 月习近平总书记视察金寨前后，高度概括了大别山精神：坚贞忠诚，牺牲奉献，永跟党走。人民出版社 2017 年出版的《彪炳史册的大别山精神》称，这一研究成果可视为对已有大别山精神研究成果的一次总结和提升，虽然他们的立足点是安徽省金寨县，但实际上作者在总结大别上精神时吸收了目前所有的大别山精神研究成果，列举了大别山老区人民为了新中国建立和社会主义建设牺牲奉献的许多生动例子，紧紧抓住了大别山精神更为核心与关键的要素，总结得更加准确、更加简练，同时非常清楚地论述了大别山精神的历史价值与现实意义。这种表述在鄂豫皖三省学术界的认同度都比较高。

在此基础上，中共六安市委面向全国开展了征集、评选“大别山精神表述语”活动，后经市委常委会研究决定并报省委主要领导同意，决定将“坚贞忠诚，牺牲奉献，一心为民，永跟党走”作为六安市乃至安徽省总结提炼的大别山精神表述语向外宣传推介。

### 3. 新时代总结和提炼的大别山精神表述语

习近平总书记关于大别山精神的科学定位提出后，鄂豫皖地区乃至全国上下迅速掀起了新一轮的大别山精神研究热潮，相关专家、学者发表了一大批研究文章，提出了一些新的大别山精神表述语。主要有以下几种：

河南省社科联的李庚香，在 2019 年 10 月 25 日的《河南日报》发表题为《用大别山精神铸牢党性之魂》的文章，提出：大别山精神的深刻内涵就是“坚决彻底的革命精神，不屈不挠的斗争精神，自强不息的奋斗精神，无私无畏的献身精神”。

河南省大别山干部学院的孙伟，在2020年5月8日《学习时报》发表题为《大别山精神的深刻内涵》的文章，提出：大别山精神的丰富内容就是“追求理想、不屈不挠的奋斗精神，胸怀全局、勇挑重担的奉献精神，依靠人民、万众一心的团结精神，自强不息、排难创新的进取精神”。

安徽省委党史研究院的朱贵平，在2020年6月30日《安徽日报》发表题为《坚持人民至上弘扬大别山精神》的文章，提出：大别山精神就是“军民同心、团结奋斗，不畏强暴、不怕牺牲，坚贞忠诚、永跟党走，勇于担当、甘于奉献”。

湖北省黄冈师范学院的王立兵，在2021年2月2日《湖北日报》发表题为《让大别山精神的红色基因代代相传》的文章，提出：“坚守初心”是大别山精神的核心要义，“勇担使命”是大别山精神的鲜明特征，“紧跟党走”是大别山精神的永恒主题，“不胜不休”是大别山精神的可贵品质。

安徽省委党史研究院的刘延年，在2021年3月16日《安徽日报》发表题为《大别山精神》的文章，提出：大别山精神的基本要旨是“坚守信念、对党忠诚，胸怀全局、甘于奉献，军民同心、团结奋斗，不畏艰苦、勇当先锋”。

**（二）深刻理解大别山精神的核心要义**

以上我们搜集和罗列了几十条有关“大别山精神”的表述语，有官方的、有专家的；有的把它称之为表述语，有的把它称之为内涵，有的把它称之为特质。对此，笔者的看法是：

一方面，这是一种正常现象，也是一种好现象。大别山区地域辽阔、横跨三省，人们的立足点、着眼点、观察点、出发点不同，概括总结出来的表述语不同，这是一种正常现象。一是说明很多地方、很多部门、很多人都在关心大别山精神、研究大别山精神，说明大家都在重视、都在参与、都在积极努力；二是能够有力地促进各地红色文化资源的挖掘、研究、开发、利用工作，这是积极的一面、有利的一面、向好的一面；三是从另一个角度说明大别山区的红色历史光辉灿烂、红色资源积淀深厚、红色基因丰富多彩，不论从哪个地方着眼、哪个层面入手，都能总结提炼出伟大的大别山精神。

另一方面，这种现象确实有不利的一面。对内，不利于统一思想、形成共识、加快发展；对外，不利于形成拳头、形成合力、打响品牌。

好在自从习近平总书记提出大别山精神的科学定位后，鄂豫皖三省的党史、宣传、政协，包括党校、高校、社科联等相关部门和单位都在积极行动、寻求合作，力争尽快提炼出三省人民都能认可的大别山精神表述语。

怎样尽快统一大别山精神的表述语？笔者认为：至少有三条路径。

一是对已有的具有较大影响力、号召力的表述语进行认真分析和研究，将大家都认同的表述语集中起来，把相同、相近和相似的表述语进行归类与合并，寻找共同点、寻求最大公约数。在此基础上，认真学习习近平总书记关于建党精神所作的概括和表述，科学地借鉴其他一些革命精神的不同表述。再结合新时期、新时代对概括总结革命精神的一些新要求、新规范，同时兼顾到通俗易懂、方便记忆等一些客观的、基本的要求，集众家之长、应时代要求，凝练总结出三省人民都能认同的大别山精神表述语。

二是鄂豫皖三省人民联合起来进行深入研究并尽快形成共识。目前，鄂豫皖三省的政协组织已经建立了合作机制、开展了实质性的工作，三省的党史研究部门也成立合作组织、建立了年度例会制度，三省的宣传部门也进行了积极探索和有益尝试。下一步要加强领导、加大力度，力争早出成果、快出成果、出好成果。

三是邀请中央党史研究院等权威部门牵头，引领三省人民共同研究。

我们认为，研究大别山精神、提炼大别山精神表述语固然重要，但是，更重要的是要把大别山精神的核心要义搞清搞透、搞深搞准，更重要的是要积极传承、大力弘扬伟大的大别山精神。对于大别山精神的核心要义，我们经过反复认真地研究，将其归纳总结为“四句话”：信念坚定、对党忠诚，意志顽强、拼搏奋进，胸怀全局、勇于牺牲，一心为民、永跟党走。

### 1. 信念坚定、对党忠诚，是大别山精神的核心关键

这句话主要是指坚如磐石的理想信念、始终如一的坚贞忠诚，具体体现为广大共产党人在长期的革命斗争中对党忠贞、从一而终、严守秘密，威武不屈、宁死不从、视死如归。无论是在革命的初始阶段、高潮时期，还是在革命遭受严重挫折的危急关头，大别山军民始终对党充满信心、无比忠诚，临危不惧、初心不改，用鲜血和生命捍卫着红色政权。面对敌人的残酷迫害、血腥镇压、威逼利诱，广大党员干部大义凛然、誓死不屈，舍生取义、视死如归。

### 2. 意志顽强、拼搏奋进，是大别山精神的重要体现

这句话主要是指英勇无畏、勇往直前、勇当先锋，坚韧不拔、百折不挠、不胜不休；为了革命奋勇争先、顽强拼搏；做工作有信心、有决心、有恒心、有毅力，干事业前仆后继、赴汤蹈火，不达目的决不罢休。同时也包含改革创新、争先进位、加快发展等内涵。

### 3. 胸怀全局、勇于牺牲，是大别山精神的鲜明特征

这句话主要是指大局观念强、担当意识强，乐于奉献、敢于担当，舍小家、顾大家，小局服从大局、下级服从上级、全党服从中央。这句话也包含着纪律严明、作风务实这样一些重要因素。

4. 一心为民、永跟党走，是大别山精神的永恒主题

这句话实际上就是党的根本宗旨在大别山精神中的具体体现。一切为了人民、一切依靠人民，与人们同甘共苦、与群众风雨同舟；万众一心、携手并进，军民同心、众志成城；得志不张扬、做官不贪腐，始终保持勤俭节约、艰苦奋斗的光荣传统；始终与人民群众保持血肉联系，想为群众之所想、急为群众之所急，办民之所盼、干民之所愿；不忘初心、牢记使命，铁心跟党走、永远不回头。大别山人这些优秀的品质，无疑都是大别山精神的重要组成部分。

## 三、大别山精神的历史贡献和重要地位

大别山精神是中国共产党人彻底的革命精神，是升华了的民族精神，是中国共产党人领导人民群众争取民族独立、人民解放的时代精神，是展示中国共产党人形象的群体精神。在革命战争年代，大别山精神为广大革命者提供了强大的精神动力。从土地革命、抗日战争，到解放战争，再到社会主义建设各个时期，大别山人民矢志不渝闹革命、坚持不懈跟党走，相继创建了鄂豫皖、川陕、鄂豫陕三块革命根据地，诞生了红四方面军、红二十五军、红二十八军、新四军第四支队、新四军第五师和大别山游击队，创造了 28 年红旗不倒的历史传奇，为人民军队源源不断地输送新鲜血液，实现了一个又一个的伟大胜利，取得了丰硕的建设成果。大别山精神的历史贡献和重要地位集中体现在以下 7 个方面。

1. 大别山精神使大别山区成为我党的重要建党基地

十月革命的一声炮响给中国送来了马克思主义，五四运动的爆发使马克思主义得到了迅速传播，实现了“上山下乡”。五四运动之后，董必武创办武汉中学，积极传播革命思想；1922 年，陈潭秋在黄冈建立了鄂豫皖边区第一个党小组；1926 年秋，新县地区的第一个秘密党小组在一棵大松树下建立；同年，毛泽东在武昌开办了中央农民运动讲习所，为大别山区培养了一大批农民运动骨干力量……星星之火、可以燎原，革命烈火、生生不息，鄂豫皖革命根据地最终发展成为我党的重要建党基地。

2. 大别山精神使大别山区成为中国革命的重要策源地

1927 年，面对蒋介石、汪精卫相继发动的反革命政变，中共中央在汉口召开了紧急会议（党的八七会议），确定了实行土地革命和武装反抗国民党反动派的总方针。会后，鄂豫皖边区的共产党人立即举起武装斗争的大旗，经过紧张的筹备，于当年 11 月 13 日发动了规模较大、人数较多、时间较长的黄麻起义。随后又相继发动了立夏节起义（商南起义）和六霍起义。三次武装起义分别组建

三支主力红军队伍、开辟三块革命根据地。1930 年 3 月，按照中央的指示精神，军队实行“三师合一”，整编为中国工农红军第一军，根据地实行“三地合一”，创立了鄂豫皖革命根据地，规模仅次于中央革命根据地。

3. 大别山精神使大别山区成为人民军队的重要发源地

1931 年 1 月，红一军与红十五军合编为红四军，粉碎了敌人第一、第二次“围剿”，兵力发展到 4 个师、2 万余人。1931 年 11 月，红四军又与红二十五军组建成中国工农红军第四方面军，到 1932 年 6 月粉碎敌人第三次“围剿”时，红军主力已经达到 2 个军 6 个师，共 4.5 万人。据统计，土地革命战争时期，大别山区先后组建了 50 支主力红军队伍，占全国总数 151 支的 30%以上，仅带军字番号、成军建制的红军队伍就有 11 支。

在全国参加长征的 4 支红军队伍中，红四方面军和红二十五军主要发源于大别山区。与此同时，生于斯、长于斯的红二十八军为长征胜利作出了重大贡献。抗日战争时期，大别山走出的红四方面军和红二十五军分别改编为中国共产党领导的八路军第一二九师和一一五师，留在大别山区坚持敌后三年游击战的红二十八军改编为新四军第四支队，这 3 支重要的革命武装力量在抗日战争中都立下了汗马功劳，建立了不朽的功勋。

4. 大别山精神使大别山区成为全国第二大革命根据地

1930 年 6 月，鄂豫皖边区第一次工农兵代表大会胜利召开，标志着鄂豫皖革命根据地的正式形成。在中共鄂豫皖中央分局和中共鄂豫皖省委的共同领导下，苏区的政治、经济、军事、文化、医疗、教育等各项建设蓬勃发展。鼎盛时期，根据地的面积扩展到 4 万平方千米，人口 350 万人，主力红军队伍 4.5 万余人，地方武装 20 万余人，建立了 3 个市级、27 个县级苏维埃政权，成为仅次于中央苏区的全国第二大苏区。

5. 大别山精神使大别山区成为“28 年红旗不倒”的英雄地

在长期的革命斗争中，大别山军民浴血奋战、前仆后继，谱写了一曲曲气壮山河的英雄凯歌，创造了一个个惊天动地的历史奇迹。在艰苦卓绝的 3 年游击战中，英雄的红二十八军艰苦转战 45 个县，牵制国民党 17 万正规部队，有力地支援了红军长征。抗日战争时期，新四军第四支队从这里集结、出发，新四军第五师在这里创建了鄂豫边抗日根据地。1946 年 6 月，中原部队在这里实施了中原突围、拉开了解放战争的序幕。1947 年，刘邓大军千里挺进大别山，实现了解放战争由战略防御向战略进攻的伟大历史转折。

6. 大别山精神使大别山区成为我党我军重要的“红色基因库”

长期的革命斗争、伟大的革命实践，不仅给大别山留下了丰富的红色资源、宝贵的精神财富，而且铸造了伟大的大别山精神。

可以说，大别山的山山岭岭都历经了血与火的洗礼，沟沟坎坎都流淌着革命前辈的殷红鲜血，每一寸土地都有革命先烈的战斗足迹，每一个村庄、每一片山林都蕴藏着红军战士机智果敢、英勇杀敌的传奇故事……这里的山山水水浸润着大别山英雄儿女的青春热血，熔铸着大别山英雄儿女的不屈忠魂。据统计，仅金寨县目前就有革命遗址 198 处，属于国家级、省级、市级或县级重点革命文物保护单位的有 91 处 123 个文物点。大别山区的革命遗址遗迹众多、等级高、价值大，铭刻着中国共产党领导大别山人民为了民族独立、人民解放而英勇奋斗的光辉历程。

大别山精神不仅在长期的革命斗争中起到了积极的作用、作出重大的贡献、抒写了历史的辉煌，就是在中华人民共和国成立之后乃至今天，大别山精神仍然具有很强的指导性和现实意义。广大人民群众在革命、改革、发展和建设的伟大征程中，以大别山精神为指引，实现了人生理想、谱写了时代篇章，在各个历史时期都涌现出一大批先进典型。为了推翻剥削制度和国民党反动统治，一大批共产党人和人民群众不惜抛头颅、洒热血，涌现了许继慎、周维炯等一大批英雄人物和不计其数的无名烈士。为了中国革命的胜利，大别山儿女勇于参军参战、南征北战奋勇杀敌，立下了赫赫战功，涌现了王树声、徐海东、洪学智等几百位开国将军。在社会主义建设时期，大别山儿女积极投入国家建设，涌现出李先念、洪学智等功勋卓著的党和国家领导人。大别山儿女在大别山精神的指引下，以实现中华民族伟大复兴的中国梦为追求，不断践行、努力创造一个又一个新的辉煌。

## 四、传承大别山精神的“金寨模式”和弘扬大别山精神的思考

2016 年 4 月 24 日，习近平总书记亲临金寨县视察指导工作时，曾满怀深情地说：“我们要沿着革命前辈的足迹继续前行，把红色江山世世代代传下去。革命传统教育要从娃娃抓起，既注重知识灌输，又加强情感培育，使红色基因渗进血液、浸入心扉，引导广大青少年树立正确的世界观、人生观、价值观。”

几年来，金寨县认真学习领会、深入贯彻落实习近平总书记关于传承红色基因的重要指示，立足县情实际、积极探索实践，在开展红色研究、利用红色资源、加强传统教育、传承红色基因、弘扬大别山精神等方面，强化组织领导、壮大专业队伍、加大投入力度、细化保障措施，做了大量艰苦细致的工作，进行了积极有益的尝试，取得了十分显著的成绩，积累了比较成功的经验，一些新闻媒

体把它称之为“传承大别山精神的金寨模式”。

第一，渗透式传承。主要是通过编纂红色书籍、撰写和发表红色文章来传承大别山精神。几年来，该县党史部门不仅重新修订和新编出版了《红色金寨》《金寨革命史》《军旗猎猎：在金寨建立的十二支主力红军队伍》《热血衷魂》等10多种红色历史书籍，努力让人们从金寨的地方党史、军史、改革史、发展史中接受革命传统教育、传承红色基因，从历史中汲取智慧和力量，而且编辑出版了《红星闪耀》《红色家风》《将军县的初心故事》《将军县的红色记忆》等一大批故事性、可读性、趣味性都很强的红色故事书籍，同时，撰写并在公开发行的报刊上发表的600多篇有关红色金寨的各类文章，努力让读者从一篇篇感人至深的文章中、一个个栩栩如生、真实存在的红色人物身上受教育、得感悟。

第二，注入式传承。主要通过集中授课、集中宣讲传承大别山精神。中共金寨县委党史和地方志研究室、金寨县档案馆为此专门组建了红色基因传承服务队和红色主题宣讲报告团，上到省直机关、高等院校，下到乡镇村组、中小学校，积极开展送红色基因、送大别山精神“进学校、进军营、进乡村、进企业、进机关、进社区、进网络”活动，把红色基因和大别山精神送到大江南北、淮河两岸，送到田间地头、千家万户，使其在更广的空间、更大的范围、更深的层次里传承与弘扬。

第三，展览式传承。主要通过组织人员特别是广大党员干部、青少年学生，到革命遗址遗迹、革命纪念地、烈士纪念塔、英雄纪念碑、革命博物馆、档案展览馆等地进行参观学习，从而实现回顾革命历史、追寻红色记忆、接受传统教育、传承红色基因和大别山精神的良好愿望。

第四，课堂式传承。主要是在安徽金寨干部学院（县委党校）、乡镇党校及全日制中小学、职业学校开设金寨红军史、革命史专修（选修）课，全面宣传金寨红色历史、积极传承红色基因和大别山精神。

第五，屏幕式传承。主要是把承载着大别山精神的革命历史、革命人物、革命故事，通过广播、电影、电视、微电影、微视频等多种多样的方式方法，把它搬上屏幕、制作成人们尤其是广大少年儿童喜闻乐见的影视作品、音像读物，让他们在欣赏红色文化精品的过程中受感染、受教育。

第六，熏陶式传承。主要是指开展全域活动、营造浓厚氛围，以此来熏陶人、教育人、影响人。几年来，金寨县紧紧抓住一些重要的革命历史事件、关键的时间节点，在全县上下广泛深入地开展纪念抗日战争胜利70周年、红军长征胜利80周年、刘邓大军千里挺进大别山70周年、中国人民解放军诞生90周年等全县性的纪念活动，让人们在丰富多彩的活动中接受红色熏陶、找回红色记忆、传承大别山精神。

第七，融合式传承。就是努力用结合、综合、融合的方式来解决传承大别山精神活动中的一些突出问题和矛盾。几年来，金寨县始终把传承大别山精神作为一项系统的社会工程来抓，将其与红色旅游开发、全域旅游发展、美丽乡村建设、道路交通建设、城镇基础建设、文明实践活动、决战脱贫攻坚等各项工作、各种建设乃至整个经济社会发展有机地结合起来。比如，在城镇基础建设上，金寨县在街道两旁树立将军雕塑、悬挂红色标牌，让大别山精神直接“进”小区、用浓厚的红色氛围来熏陶居民住户。在金寨干部学院，金寨县把一些主要的楼房都用一个金寨籍的红色文化名人的名字来命名，如学智楼（洪学智），立清楼（徐立清），光慈讲堂（蒋光慈）等，让学员一到这里，看到的是红色雕塑、红色标语、红色标牌，上的是红色课程、听的是红色歌曲、讲的是红色故事、参观的是红色遗址、讨论的是红色精神，接触到的都是红色元素，接收到的都是大别山精神红色基因。

第八，引领式传承。就是用“大别山精神”来教育人、引导人、振奋人。特别是在刚刚过去的决战脱贫攻坚的伟大进程中，金寨县特别注重用大别山精神教育和引导广大党员干部切实增强做好扶贫帮困工作的责任感、使命感、紧迫感，用大别山精神教育和引导广大贫困群众切实增强做好脱贫攻坚工作的自觉性、主动性、积极性，取得了很好效果。

第九，创新式传承。就是用现代的思维方式改进著书撰文工作、用人民群众喜闻乐见的方式方法和内容来传承大别山精神。随着时间的推移、形势的变化，近年来，金寨县在著书撰文方面，越来越注重故事情节的塑造和表现方法的灵活运用，努力用一个个感人肺腑的故事来再现金寨的光辉历史，用一篇篇语言生动、朗朗上口的文章来推介红色人物、红色故事，让人们在称赞的过程中、在感动的氛围中，受教育、增才干、育品德、强精神，努力实现吸引人、教育人、感染人的良好初衷。

第十，借船式传承。就是在自身积极努力、勤奋工作的基础上，通过对外联合、“借船出海”等方式进一步做好大别山精神的传承与弘扬工作。近年来，金寨县与六安广播电视台、安徽广播电视台等单位通力合作，制作上映了《金刚台妇女排》《八月桂花遍地开》等一大批专题片、电视剧和电影，与中央电视台联合制作了《上将洪学智》《十万英烈铸两源》等电视连续剧和专题节目，收到了事半功倍的良好效果。

红色文化的深入研究、红色资源的开发利用、红色基因和大别山精神的积极传承，使老区金寨的红色氛围越来越浓、功能越来越强、名声越来越大、影响越来越广，随之，政策、资金、项目、人流、物流、信息流纷至沓来，带动了旅游的发展、促进了三产的繁荣，增加了农民的收入、加快了脱贫的步伐。2020 年 4

月，金寨县顺利实现了“脱贫摘帽”目标。金寨县探索总结的 10 种有效模式，具有一定的借鉴意义，各地各单位可以采取积极有效的措施加以宣传和推广，并在各自的领域里进行复制与创新，力争在本行业本单位创造出更加有效的方式、更加成功的经验。

下一步，如何更好地做好大别山精神的传承与弘扬工作，有以下考虑和建议。一要把高度凝练、高度概括大别山红色革命历史、红色文化资源同大别山精神的关键词、广告语、亮丽名片、响亮品牌“挂起来”。二要把推介红色资源、红色旅游和大别山精神的宣传牌同革命遗址遗迹、红色旅游景点的指示牌“竖起来”。三要把能够展示和诠释大别山精神的红色资源、红色旅游景点的分布图、示意图“晒起来”。四要把一些亟须保护的红色革命遗址、遗迹“护起来”。五要把大别山革命烈士陵园“修起来”。六要把金寨县革命博物馆（改扩建项目）“建起来”。七要把安徽金寨干部学院的建设“强起来”。八要把红色大别山的浓厚氛围“炒起来”。九要把记述大别山革命历史和红色故事的旅游丛书“编起来”。十要把能够反映大别山红色历史、吸附精彩故事的文物资料“展起来”。十一要把那些记载革命历史和红色故事的大别山民歌，特别是《八月桂花遍地开》“唱起来”。十二要把独树一帜、特色鲜明的地方大戏“演起来”。十三要把反映大别山革命历史、宣传老区红色文化和大别山精神的影视作品、书画作品、音乐作品“写起来”。十四要把推介大别山红色文化资源、宣传大别山革命历史和大别山精神的工艺品、纪念品、旅游产品设计出来、研发出来，并尽快地使其“热起来”“俏起来”。十五要把宣传大别山红色旅游，极具感染力、影响力、吸引力的推介促销活动“做起来”。十六要把中华民族文化基因库（一期）红色基因库金寨县革命烈士陵园试点项目建起来、用起来，让其丰硕的成果“动起来”“活起来”。

（作者：胡遵远，由 2021 年 7 月 9 日在“安徽省直机关大讲堂”所作报告整理而成）